中等职业学校"双优建设"系列教材·公共基础课

劳动教育

LAODONG JIAOYU

主　编　刘细华　王　雄
副主编　张继发　陈　卫　谈　辉　邓　伟
编　委　宋崇晖　夏　恒　徐　超　刘荷芳
　　　　柳　曼　孙　易　廖巧玲　甘利峰

华中科技大学出版社
http://press.hust.edu.cn
中国·武汉

图书在版编目(CIP)数据

劳动教育/刘细华,王雄主编.—武汉:华中科技大学出版社,2024.2
ISBN 978-7-5772-0532-8

Ⅰ.①劳… Ⅱ.①刘… ②王… Ⅲ.①劳动教育-中等专业学校-教材 Ⅳ.①G40-015

中国国家版本馆 CIP 数据核字(2024)第 016346 号

劳动教育
Laodong Jiaoyu

刘细华　王　雄　主编

策划编辑：聂亚文	
责任编辑：狄宝珠	
封面设计：孢　子	
责任监印：周治超	
出版发行：华中科技大学出版社(中国·武汉)	电话：(027)81321913
武汉市东湖新技术开发区华工科技园	邮编：430223

录　　排：武汉创易图文工作室
印　　刷：武汉市籍缘印刷厂
开　　本：787mm×1092mm　1/16
印　　张：11.25
字　　数：298 千字
版　　次：2024 年 2 月第 1 版第 1 次印刷
定　　价：42.00 元

本书若有印装质量问题，请向出版社营销中心调换
全国免费服务热线：400-6679-118　竭诚为您服务
版权所有　侵权必究

序言
Preface

以习近平新时代中国特色社会主义思想为指导,全面贯彻党的教育方针,落实全国教育大会精神,坚持立德树人,坚持培育和践行社会主义核心价值观,把劳动教育纳入人才培养全过程,贯通大中小学各学段,贯穿家庭、学校、社会各方面,与德育、智育、体育、美育相融合,紧密结合经济社会发展变化和学生生活实际,积极探索具有中国特色的劳动教育模式,创新体制机制,注重教育实效,实现知行合一,促进学生形成正确的世界观、人生观、价值观。

为贯彻落实中共中央、国务院《关于全面加强新时代大中小学劳动教育的意见》(2020年3月20日)及《大中小学劳动教育指导纲要(试行)》文件精神,切实把握育人导向,遵循教育规律,体现时代特征,把劳动教育落到实处,编者联合本校劳动教育团队编写此教材。

本书特点如下:

1. 图文并茂,版式新颖,设计了学习目标、知识链接、劳动故事、实践活动等模块,增加了学习的趣味性。

2. 为了增强教材的实用性,突出对劳动实践的指导意义,本书在必要的劳动知识基础上,重点设计了一个个相对独立又构成体系的劳动活动,内容源于生活又适度提升。

3. 既有对知识的"教",也有对实践的"做",不仅有知识点的讲解,还有实践活动。为了突出中职特色,活动内容的设计包含了一些专业实践的内容,对于学生熟悉职场环境、感受职场文化、提升职业技能、创造美好生活有积极帮助。

本书根据中职院校培养高素质高技能人才的任务,依据人才成长规律,突出劳动素养和劳动实践,以任务驱动、活动导向、一体化模式设计体例,从培养尊重劳动观念、增进热爱劳动的情感、加强劳动养成教育、注重职业劳动体验和技能实践提高等方面安排教学内容,着力培养学生爱劳动的情感、会劳动的技能、创造劳动价值的能力、珍惜劳动成果的情怀、开创幸福新生活的志向。

编者

目录
Contents

绪论　劳动是一切幸福的源泉　/1
　第一节　认识劳动　/1
　第二节　认识劳动教育　/6

第一篇　劳动光荣　/13

　第一章　劳动观念,决定一生　/14
　　第一节　树立正确的劳动价值观　/14
　　第二节　弘扬劳动精神　/27
　第二章　劳模精神,引领时代　/33
　　第一节　认识劳动模范,新时代的追梦人　/33
　　第二节　弘扬劳模精神,走好时代新征程　/41
　　第三节　践行劳模精神,新蓝图的绘制者　/48
　第三章　实干兴邦,匠心筑梦　/52
　　第一节　理解工匠精神　/52
　　第二节　领悟工匠精神　/55
　　第三节　践行工匠精神　/60

第二篇　生活全能　/65

　第四章　家务自理,自强自立　/66
　　第一节　正衣冠　/66
　　第二节　调五味　/70
　　第三节　律起居　/75
　第五章　美丽家园,齐心共育　/78
　　第一节　做寝室美化行动者　/78
　　第二节　做垃圾分类倡导者　/81
　　第三节　做绿化环保践行者　/86
　第六章　善待生活,幸福可期　/91
　　第一节　用护理守护家人　/91
　　第二节　为社区提供服务　/97

第三篇　社会实践　/103

第七章　学农学工,丰富体验　/104
　　第一节　懂农业,学农民,识农村　/104
　　第二节　知工业,学工人,通技艺　/108

第八章　知行合一,全面发展　/117
　　第一节　实习实训　/117
　　第二节　假期兼职　/124

第九章　政策暖心,求学无忧　/129
　　第一节　资助政策体系,助力圆梦　/129
　　第二节　勤工助学,自力更生　/137

第十章　志愿服务,回报社会　/140
　　第一节　认识志愿服务　/140
　　第二节　认识志愿者　/149
　　第三节　参与志愿服务　/156

第十一章　创新创业,逐梦未来　/161
　　第一节　培养创新精神　/161
　　第二节　培养创业精神　/165

参考文献　/171

绪论 劳动是一切幸福的源泉

第一节 认识劳动

一、什么是劳动

劳动是指人类在生产过程中所提供的劳务,包括脑力劳动和体力劳动。劳动的质量受到劳动者的劳动技能、受教育程度和经验积累程度高低等的影响,而劳动的数量受劳动时间长短和劳动效率高低等的影响。劳动是创造价值的手段之一,每个人都希望用自己尽可能少的劳动换取别人尽可能多的劳动。在市场经济条件下,劳动者用自己的劳动换取一定的货币报酬,是市场对劳动的一种定价。

二、劳动的特征

1. 劳动的人类专属性

从表面上看,劳动作为一种活动,是对自身生活有用的自然物质的占有,这与自然界的动物的活动没有什么区别。如蜘蛛通过织网来捕食猎物,蜜蜂通过建筑蜂房而储存蜂蜜,燕子通过衔草筑巢来繁殖后代。然而,动物的这些活动,并不能称之为劳动,因为它是一种动物生存的本能。人的劳动和动物的本能活动最不同的地方,在于人的劳动是具有自觉意识支配的、能动的和具有一定目的的活动。(图 0-1、图 0-2、图 0-3)

图 0-1　农民在劳作

图 0-2　工人在加工零件

图 0-3　科研人员在做实验

2. 劳动的自觉意识和能动性

劳动的人类专属性就在于它的自觉意识和能动性，马克思指出："蜘蛛的活动与织工的活动相似，蜜蜂建筑蜂房的本领使人间的许多建筑师感到惭愧。但是，最蹩脚的建筑师从一开始就比最灵巧的蜜蜂高明的地方，是他在用蜂蜡建筑蜂房以前，已经在自己的头脑中把它建成了。"人类的劳动不仅知道为什么去做？怎样去做？而且知道将会做成怎样。这些就是人类劳动和动物本能活动之间的本质区别。

3. 劳动的创造性

劳动具有自觉意识和能动性，它是具有目的的活动。然而有自觉能动意识、有目的性的活动，并不都是劳动。因为人是有意识和思想的，人的一切活动都受意识的支配。如旅游、跳舞、吃饭、睡觉，虽然也具有目的性，但就不能称之为劳动。

劳动与就业在人的活动中，只有那些能够创造出物质财富和精神财富的创造性活动，才能称之为劳动。而前面所说的消费性活动，则不能称为劳动。

三、劳动的目的

劳动有许多不同的原因和目的。但不论是在哪一种社会体系中,抽象地来看劳动一般有以下的目的:

(1)个人以及社会作为个人的集合劳动来生产和制造其所需要的生活的物质基础,以及来满足其需要。

(2)劳动作为保证或改善劳动的人或其家庭成员、朋友、团体、集团或阶级的社会地位的手段。

(3)参加创新、文化和艺术创造的过程,参加科学知识的领会和发现,参加对政治或社会的改革。

通过劳动和劳动所创造的文化和技术的发展,人类不但能够在自然界存活下来,而且能够不断地加强社会的生产力,以至于这个似乎无限的生产力的发展开始威胁到地球的生态系统和人类本身的存在。从20世纪中开始越来越多的历史学家开始注意到劳动的这个历史意义。

劳动过程随着社会规则和法律的不同而有所变化。而一个社会的规则和法律又有很大一部分是由社会所拥有的生产关系所决定的。生产关系可以看作调整一个社会的劳动资源的供给、分布及劳动结果的方式。也就是说,劳动随文化和社会的变迁和差异而不断地变化。生产关系决定劳动的经济和政治目的及意义。每个文化时期和历史时期都有其特定的劳动形式。(图0-4)

劳动有一个与社会和国家体系不十分相关的方面,这就是技术水平。虽然每个人和每个社会的能力和经济可能不同,但一般来说人类总是尽可能地使用最有效的和新颖的技术来保证和提高其劳动的质量和生产力,使其劳动结果符合社会的需要。但随着技术的发展,人的体力在劳动过程中越来越不重要了。其结果是体力劳动不断地被机器取代,而为了维护和发展现代化生产系统的运行,越来越多的劳动力需要更好的教育和训练,新的劳动随之产生。虽然如此,但在一些发展中国家,今天甚至于可以达到三分之一的人不直接参加劳动而是通过社会福利或其他方式来享受劳动成果。对于这些国家的领导人来说,这个现象是一个非常重要的和非常棘手的社会问题。

(a)火药　　　　　　　　　(b)指南针

(c)造纸术　　　　　　　　(d)活字印刷术

图0-4　我国古代四大发明

劳动故事

盘古开天地

传说在天地还没有开辟以前,有一个不知道为何物的东西,没有七窍,它叫作帝江(也有人叫他混沌),它的样子如同一个没有洞的口袋一样。它有两个好友,一个叫倏一个叫忽。有一天,倏和忽商量为帝江凿开七窍,帝江同意了。倏和忽用了七天为帝江凿开了七窍,但是帝江却因为凿七窍死了。

帝江死后,它的肚子里出现了一个人,名字叫盘古。帝江的精气变成了以后的黄帝。

盘古在这个"大口袋"中一直酣睡了约18000年后醒来,发现周围一团黑暗,当他睁开蒙眬的睡眼时,眼前除了黑暗还是黑暗。他想伸展一下筋骨,但"鸡蛋"紧紧包裹着身子,他感到浑身燥热不堪,呼吸非常困难。天哪!这该死的地方!

盘古不能想象可以在这种环境中忍辱地生存下去。他火冒三丈,勃然大怒,于是他拔下自己一颗牙齿,把它变成威力巨大的神斧,抡起来用力向周围劈砍。(图0-5)

图0-5　盘古开天地

"哗啦啦啦……"一阵巨响过后,"鸡蛋"中一股清新的气体散发开来,飘飘扬扬升到高处,变成天空;另外一些浑浊的东西缓缓下沉,变成大地。从此,混沌不分的宇宙一分为二,变为天和地,不再是漆黑一片。人置身其中,只觉得神清气爽。

盘古仍不罢休,继续施展法术,不知又过了多少年,天终于不能再高了,地也不能再厚了。

这时,盘古已耗尽全身力气,他缓缓睁开双眼,满怀深情地望了望自己亲手开辟的天地。

啊!太伟大了,自己竟然创造出这样一个崭新的世界!从此,天地间的万物再也不会生活在黑暗中了。

盘古长长地吐出一口气,慢慢地躺在地上,闭上沉重的眼皮,与世长辞了。

伟大的英雄死了,但他的遗体并没有消失:

盘古临死前,他嘴里呼出的气变成了春风和天空的云雾;声音变成了天空的雷霆;盘古的左眼变成太阳,照耀大地;右眼变成皎洁的月亮,给夜晚带来光明;千万缕头发变成颗颗星星,点缀美丽的夜空;鲜血变成江河湖海,奔腾不息;肌肉变成千里沃野,供万物生存;骨骼变成树木花草,供人们欣赏;筋脉变成了道路;牙齿变成石头和金属,供人们使用;精髓变成明亮的珍珠,供人们收藏;汗水变成雨露,滋润禾苗;盘古倒下时,他的头化作东岳泰山(在山东),他的脚化作西岳华山(在陕西),他的左臂化作南岳衡山(在湖南),他的右臂化作北岳恒山(在山西),他的腹部化作中岳嵩山(在河南)。传说盘古的精灵魂魄也在他死后变成了人类。所以,都说人类是世上的万物之灵。

第二节　认识劳动教育

如果问:"劳动光荣吗?"相信很多教师都会说:"劳动光荣。"劳动的作用是什么?恩格斯早就说过:"劳动创造了人类。"劳动是人类生存的最基本活动,它既创造了社会财富,又为社会发展奠定了坚实的基础。每个人都必须从事一定的劳动并在其间发挥自己的创造性,才能立足于社会。所以现在世界各国的初等教育都比较重视劳动教育课,但是劳动教育在我们的实际生活中又是怎样的呢?

一、学生劳动的现状

在我们的周围不难发现,很多孩子都不喜欢劳动甚至不会劳动。在老师工作中,每天放学后的值日情况老师都要在旁监督或者督促,经常会发现所谓的完成值日后,教室里仍然不干净,现在的孩子连最基本的生活技能都不会,他们长大了怎么立足于社会?学生们为什么如此不愿意劳动?(图 0-6)

图 0-6　学生劳动现状漫画

二、出现目前这种劳动现状的原因

1. 社会上的不良思想的影响

在媒体上看到一则新闻:某大型互联网公司到人才市场招聘大学毕业生,当招聘方问"愿不愿扫地"时,竟惹恼了不少大学生。一位自称"可以胜任任何职业"的学生愤然离席,然后又折回来怒斥招聘方:"你们对大学生如此无礼,肯定招不到人才!"如此轻视劳动的现象还会经常看见或听见。当看见环卫工人时,一些父母会说:"看见没有,不好好学习,将来你就会像他那样。"孩子的思想认识和观念就这样被扭曲了。热爱劳动成了"另类"也就"见怪不怪"了。另外,在我们的网络上、电视里,对体育明星、电影明星宣传得很多,而对劳动模范则宣传得较少。

2. 家庭教育的不当后果

现在普遍存在学生轻视劳动现象的问题,父母的家庭教育不当是其原因之一。长期以来,由于受"应试教育"的影响,家长只要求孩子埋头读书,不让子女参加家务劳动和公益劳动,在父母的眼里,孩子的学习永远是第一位的,孩子应该做的事,家长们都"代劳"了。加之大都是独生子女,许多孩子从小就形成了"饭来张口、衣来伸手、弱不禁风、厌恶劳动"等不良习惯,生活自理能力很差。家庭对独生子女的过度呵护,造成学生劳动上的依赖、严重的重智轻劳倾向,也造成了学校在劳动教育上的偏失。(图0-7)

图0-7　家庭教育的不当后果漫画

3.学校教育的偏失后果

(1)教育思想的偏差,用劳动代替惩罚,劳动观念无形中被扭曲,在平时的教育教学中,一些教师经常将劳动作为惩罚学生的方式,学生迟到、早退时,罚擦黑板一天;学生打架,罚打扫卫生区一周;甚至考试成绩不理想,也要罚倒垃圾一周;如此等等,把本应由全体同学共同承担的班级劳动强加到部分违纪学生的身上,长此以往,自然就在学生头脑中形成了"调皮捣蛋和学习差才劳动"的不正确观念。

(2)教育课程与生产劳动、社会实践的有机结合较少,在中小学教育课程中也开设了一些简单的劳技课程,但大都形同虚设。只是简单介绍劳动过程和步骤,没有开展劳动实际活动,相当于纸上谈兵,另外学校的配套设施也无法跟上。

我们对学生的劳动教育如果长久如此,人人不爱劳动,社会还会进步和发展吗?《中共中央国务院关于深化教育改革全面推进素质教育的决定》指出:"学校教育不仅要抓好智育,更要重视德育、美育、劳动教育和社会实践。"可见,在学生中进行劳动观念的教育是素质教育的重要内容之一,是生活发展中每一个人所必须具备的生活素质。

三、劳动的重要性

(1)劳动是人类生存和发展的基本条件。21世纪是一个竞争更趋激烈的时代,联合国教科文组织在对数十个国家的教育进行考察后郑重提出了"生存教育",这表明一个人如果没有较高的劳动素质,一定的自理能力、动手能力和创新能力,就不能适应现代社会的要求,将会被社会无情淘汰。

(2)对孩子的成长有着不可忽视的作用。劳动是德、智、体、美、劳全面发展的一条重要途径,手脑并用的劳动训练是发展思维的良好手段,是促进智力发展的实践活动。在劳动中不仅能使学生理解生活的意义,而且能认识自己的力量和才能,珍惜因劳动得到的荣誉,产生自尊感和尊严感。孩子通过自我服务劳动和家务劳动,美化了自己的学习生活环境,从而体会到劳动带来的乐趣。(图0-8)

图 0-8　劳动的重要性漫画

四、采取积极有效的措施开展劳动教育

1. 在思想上树立正确的劳动观念

劳动有体力劳动和脑力劳动之分,培养正确的劳动观念特指培养重视和热爱体力劳动并形成相应观念的教育,让青少年对体力劳动有一个正确的态度和认识。体力劳动是人类社会活动的基础,是社会进步和发展的前提条件。离开了体力劳动,脑力劳动就无法与客观世界结合,就无法改造世界,没有体力劳动,人类就无法生存。

体力劳动与脑力劳动只是分工不同,不存在高低贵贱之分。我们要让学生懂得,没有劳动就没有我们人类的今天。人民的生活所需,哪一样不是劳动创造的?要让学生明白,劳动者最光荣。劳动没有贵贱之分,只有分工不同,每一个劳动者都应受到尊重。

2. 通过学习提升学生对劳动的感情

(1)营造和谐的家庭氛围,注意身教重于言教。孩子劳动意识的培养关键在于教育者对劳动的观念如何。家庭是第一个课堂,父母则是孩子的第一位老师,父母对孩子的教育是至关重要的。家长必须意识到劳动对孩子成长的重要性。研究表明,早期的经验会影响其一生,一个生活在和谐、热爱劳动、崇尚劳动的家庭氛围中的孩子,在平时的生活中自然也会受到潜移默化的影响,自觉地以父母的行为做榜样,同时应多让孩子做些力所能及的家务,不断增强子女的劳动意识,树立其正确的劳动观。

(2)学校采取措施,重视提高学生的劳动素质。学校的职责不仅仅是教学生们知识,从小培养孩子们热爱劳动的意识也是学校义不容辞的责任。学校是个育人的大集体,而班级是这个育人大集体中的一个小集合体。班级教育是学校教育的基本单位,班主任应在班级教学的基础上,结合学生学习、生活的实际情况开展有针对性的道德、励志、理想前途教育和人格培养,要在以下方面开展学生的劳动教育:

①要注意教师的模范带头作用。"劳动最光荣"并不仅仅是一句口号,它需要班主任的实际行动。在劳动观教育中,班主任不能只做侃侃而谈的"理论家",更要成为脚踏实地的"实干家"。

②创建"人人爱劳动"的班风。让学生感受劳动的美,通过班会等多种形式培养学生的劳动观,创建"人人爱劳动"的班风。教唱一些劳动歌曲,让孩子们在歌曲中受到潜移默化的教育;每周和同学们一起探讨一些简单的劳动方法和技能,比如烧饭、洗衣等家务劳动;

安排学生在家中与父母一起劳动,并评选每周的劳动之星。这些都有利于提高学生的动手能力和劳动能力,而且能让孩子们懂得感恩,拉近父母与孩子的关系,增进家庭的感情。

③要在教育中把劳动当奖励。不再将劳动作为惩罚的工具,我们要让学生知道在劳动面前"人人平等",引导学生把劳动作为体现自身价值的重要渠道,感悟劳动创造的美妙心情,让劳动成为自身快乐的源泉。奖励学习进步的孩子为班级擦一天黑板;奖励课堂发言积极的孩子打扫一天卫生;奖励作业工整的孩子倒两次垃圾……让孩子们真正感受到劳动最光荣!做到"以辛勤劳动为荣,以好逸恶劳为耻"。

④要在义务劳动中培养劳动观。学校劳动观念教育除了要教会学生一些简单的劳动理论,掌握一定的劳动和社会生活的技能,还应该让学生参加简单的劳动实践。因为让学生树立爱劳动就是爱自己的劳动观,仅仅靠口头教育是不够的,还必须通过一些实践活动来实现。(图0-9)

图0-9 新时代中职学生的劳动教育课

五、学校开设基础劳动技能科目

效仿国外在中小学教育课程中开设家务课,并用事实说话,切实加强学生的劳动观念,培养学生生活的技能,提高学生的素质,为学生今后生活打下基础,为学生日后成为社会人做准备。

有句名言:除了空气和阳光是大自然的赐予,其余一切都要通过劳动才能获得,劳动意识和劳动能力是一个人最为宝贵的素质。劳动教育并不过时,让我们把劳动教育进行到底,让孩子们体验劳动的艰辛、劳动的快乐。

 劳动故事

彭德怀开田的故事

1961年11月,彭德怀回到了故乡——湖南省湘潭县乌石寨。他看着童年时代就十分熟悉的家乡的山水草木,看着阔别多年的父老乡亲,感到格外亲切。回想在战争年代,乡亲们跟着共产党闹革命,抛头颅,洒热血,做出了极大的牺牲,终于盼来了全国的解放和革命的胜利。想到这里,彭总不由得感慨万千:"是啊,苦了多少年的乡亲们该过过好日子啦。"

彭德怀来到了响塘区南谷公社的陈蒲大队调查。午饭的时间到了,彭德怀没有到食堂去吃大锅饭,而是撇开随同人员,独自一人来到离食堂不远的贺老伯家里。刚跨进屋,迎面扑来阵阵烟雾,只见贺老伯正蹲在灶下烧火做饭。

彭德怀关切地凑上去问:"老伯,为什么不到食堂去吃饭?"老伯没好气地说:"有什么饭吃!只因彭德怀要来调查,大队才开食堂饭的,还要工分高的人才有得吃。我不去凑这个热闹,真是打肿脸充胖子!"

彭德怀一听,话出有因,顺手将锅盖揭开,只见锅里蒸的是糠粑粑。彭德怀抓起糠粑粑就吃,那粗糙、苦涩的糠直刺喉头,确实难以咽下去,他的心痛了,眼窝里充满了泪花。

回到故居,彭德怀召开了社员大会,他说:"我是讨过饭的,是饿怕了的,可那是旧社会。如今,我们当家做了主人,我们应该抓紧时机开荒种粮,生产自救,把穷队变为富队,不应该再有人饿肚皮了。我这次回来是当社员的,队上要安排我出工,不安排的话,我就邀请婆婆姥姥上山砍柴去。"说干就干,从那以后彭德怀就与社员一起参加集体劳动。他特别提倡开田,在工余时间还动员侄儿一道去开田。

侄儿望着两鬓斑白的伯伯劝道:"你老人家年纪一大把了,还开什么田啰?"彭德怀风趣地回答:"年老骨头枯,正好做功夫!别说我年老,做起事来,还可以跟你们小青年比一比呢!"说完就撸起衣袖,用他那曾指挥过千军万马的手,挥锄猛干起来,像个标准的老农。在彭德怀的带动下,家乡一块块新田被开发出来,种上了绿油油的庄稼。

彭德怀欢欢喜喜地与乡亲们一道收棉花,种麦子,撒下了无数的汗珠。他说:"从今年起,我每年回来参加劳动一个月,别的重活干不了,帮生产队看牛,看湖鸭。如果不能回来,就投资一百元交队上。"就这样,彭德怀在家乡立了个不计劳动报酬的特殊社员的"户头"。

 知识延伸

黄炎培劳动教育思想及新时代价值

黄炎培(1878—1965),号楚南,字任之,笔名抱一,江苏川沙县(1992年撤销,今属上海市)人。黄炎培先生是近代职业教育的创始者,创立了中华职业学校(现南京工业职业技术大学)、职业教育研究会、中华职业教育社(中国近代史上第一个研究、试验、推行职业教育的全国性团体)等。

黄炎培先生曾深度挖掘劳动在育人中的独特价值,将"劳工神圣"作为中华职业学校的

校训,主张手脑并用。黄炎培曾强调劳动体验的重要性:"尝艰难险阻,为习劳耐苦之唯一善法。"他要求中华职业学校的学生在半工半读之余,轮流参与学校环境卫生建设和人员接待工作。中华职业教育社要求"各级教育,应于训练上一律励行劳动化,俾青年心理上确立尊重职业之基础,且使其获得较正确之人生观。"黄炎培先生多次强调学习要"一面做,一面学,从做里求学",随时随地从工作中求得系统的知能。

第一篇 劳动光荣

第一章 劳动观念，决定一生

第一节 树立正确的劳动价值观

> **学习目标**
>
> 1. 了解劳动真正的含义。
> 2. 能描绘自己的劳动梦想。
> 3. 能积极分享自己的劳动成果和劳动快乐。
> 4. 树立正确的劳动观念。

知识链接

习近平总书记强调："让劳动最光荣、劳动最崇高、劳动最伟大、劳动最美丽蔚然成风"。劳动教育是职校生成长的必要途径，就是要让以就业为导向的职校学生牢固确立"四个最"的劳动价值观，旗帜鲜明地反对一切不劳而获、贪图享乐、崇尚暴富的错误思想，让中华民族勤俭、奋斗、创造、奉献的劳动精神在一代又一代青少年身上发扬光大。

 知识点1：劳动概述

1. 劳动的含义

按照一般的解释，劳动就是指生产物质资料的过程，如农民种田、工人做工等。但随着生产、社会发展变化，劳动的含义也发生了变化，现在主要是指发生在人与自然界、人文物质之间的活动，是人类适应自然和人文的活动以及改造自然和人文的独特方式，是指能够对外输出劳动量或劳动价值的人类运动，是指人类（组织和个人）创造物质财富和精神财富的活动，如农民种田、工人做工、管理劳动、服务劳动等。

2. 劳动的本质

劳动的实质是通过人的有意识的、有一定目的的自身活动来调整和控制自然界、人文领域，使之发生物质和精神变换，即改变自然物质和人文物质的形态或性质，为人类的生活和自己的需要服务。

人类的劳动既有能动性,又有受动性,即既有一定的目的性,又有被动性或被迫性。

3. 劳动与运动

从某个层面说,劳动是人类运动的一种特殊形式。在商品生产体系中,劳动是劳动力的支出和使用。

但劳动与运动有一定的差别,主要体现在:

(1)劳动的动作多是局部的;而运动多是全身的。

(2)劳动的目的在于创造价值或获取报酬;而运动的目的在于锻炼身体,属于消耗和享受过程,偏向于精神层面。

(3)劳动多数时候是有一定压力的;而运动多数是放松、愉悦、释放压力的,但竞技运动会有一定的压力。

(4)劳动多是单一的或重复的,不注意节律和美感;而运动多要体现生命的美与律动。

劳动不能代替运动,运动也不可替代劳动,但两者有时候可结合在一起。

知识点 2:劳动的形式

自人类劳动产生以来,往往多是简单的体力劳动,如古代的狩猎、捕鱼、砍伐;但随着生产力的发展,人类的劳动发生了根本性的变化,如脑力劳动渐渐增多。传统的劳动分类方法如下:

1. 根据体力和脑力的比重分类

(1)体力劳动:以人体肌肉与骨骼的劳动为主,消耗体力多,以大脑和其他生理系统的劳动为辅的人类劳动,如以生产生活资料和生产资料为主的农民、工人等的劳动多属于体力劳动。(图 1-1)

图 1-1 体力劳动

（2）脑力劳动：以大脑神经系统的劳动为主，消耗脑力多，以其他生理系统的劳动为辅的人类劳动，其特征在于劳动者在生产中运用的是智力、科学文化知识和生产技能，如创造知识的科学研究、传授知识的教育、管理知识的企业管理和实现知识的技术技能应用实践等。（图 1-2）

图 1-2　脑力劳动

2. 按照劳动的复杂程度及生产商品的劳动环境分类

（1）简单劳动：在一定的社会条件下不需要经过特别的专门训练，每个普通劳动者都能从事的劳动，如家庭卫生打扫等简单的体力劳动。

（2）复杂劳动：是指需要经过专门学习和训练，具有一定技术专长的劳动。少量的复杂劳动可以等于多量的简单劳动。如精密仪器设备操作等职业劳动、专业劳动、跨职业劳动、跨专业劳动都是复杂劳动。

时代不同，经济社会需要的劳动也不同。远古和古代体力劳动比较适合当时的经济社会发展，生产水平低下，劳动较为简单；现代科技发达、工艺复杂，则需要我们多做技术性劳动、智力性劳动、创业性劳动、创造性劳动、原创性劳动、团队协作劳动，也更需要艰苦奋斗精神、劳模精神和工匠精神。

 知识点 3：劳动的作用

劳动是人类社会生存和发展的基础，是人维持自我生存和自我发展的唯一手段。

1. 劳动创造了人类及人类社会

在由猿到人的转变过程中，劳动让双手更灵活，使人终于能够把石块打制成石器；在劳动中，简单的呼叫不能满足互相交流的需要，于是语言产生了；后来逐渐只有通过劳动才可以获取食物。

随着人口数量的增多，社会各方面的需求越来越大，于是人们就要学会合理分工，再学会物质交换,直到开始使用货币。也就是说,在一定意义上劳动创造了人本身。

人类社会也是通过生产劳动产生的。生产劳动为人类的生存和发展提供了物质基础,为人们从事其他活动创造了物质条件。

在人类发展史上,是劳动推动了个人的生活和人类社会的发展。在人类社会的早期,人类通过劳动从大自然获取食物,满足了自己的生存需要。随着人类生产力的不断提高,当人类的劳动足以满足自身生存需要的时候,人类就开始追求更高层次的需求了,这个时候劳动就开始帮助人类积累生产资料和社会财富,这些生产资料和社会财富不断积累,人类劳动的能力和技巧也在不断地提高。在这个过程中人类社会也发生着变化:从原始社会、奴隶社会、封建社会、资本主义社会到社会主义社会,最终人类还要过渡到共产主义社会,当然这是一个漫长的过程。

人的一切观念活动——无论是以个体意识(结果或活动)形式呈现的观念、思想、意识、想象、思维、精神活动,还是以社会意识形态呈现的政治、法律、道德、宗教、哲学等都是在劳动的基础上产生和形成的。

人民群众用劳动创造了人类历史。马克思认为,物质生产是"一切历史的基本条件",有了人类的劳动,才有满足人类生存必需的前提,才产生了生活和历史。人民群众不仅是物质财富和精神财富的创造者,而且是变革社会制度、推动历史发展的决定性力量。从唯物史观和劳动哲学层面,习近平总书记深刻阐释了人民的主体地位,科学阐明了人民劳动创造历史的重要意义,指出"劳动是推动人类社会进步的根本力量","人民是历史的创造者,人民是真正的英雄"。这些观点全面把握了人民、劳动与历史发展、时代进步的内在逻辑,与马克思主义既一脉相承又与时俱进。

勤劳勇敢智慧的中国人民创造了灿烂的中华文明。在五千年历史长河中,中国人民创造了辉煌历史,铸就了灿烂的中华文明。习近平总书记指出:"波澜壮阔的中华民族发展史是中国人民书写的!博大精深的中华文明是中国人民创造的!历久弥新的中华民族精神是中国人民培育的!"这一重要论述充分肯定并高度赞扬了中国人民在中华文明创造中的主体地位,也以中国历史发展实践生动阐释、充分彰显了中国人民创造中华文明的重要价值。在漫长的发展实践中沉淀形成的中华优秀传统文化和中国人民特质禀赋,已经成为植根于中国人内心的民族基因,并深刻影响着中国的发展进步。

个人是社会的微观体现。显而易见,劳动使个人能力全面发展。劳动使人获得生活的真谛,从而提升了思想境界,继而促进了社会的发展。

2. 劳动实现了人的自身价值

劳动是一项实践活动,它是生命和生活的存在与发展的基础,是理念的获得与实现的途径,是创造人生价值的必由之路,是实现人的解放的必要条件,是精神与物质的获得、生活幸福安康、人生圆满升华的根本之路,是人的进步与完善的不二之法,是人类团结、友爱、互助、和谐、进步的原动力。

人在劳动中,无论是有偿劳动还是义务劳动,总会觉得自己是一个正经人,在干正经的事,会至少得到自己和亲近的人的情感认同和价值认可。

人在劳动中发挥出自己的价值,创造出超越自身正常状态的价值,使自己的潜能、价值可能迸发出来,因而人能获得自我和他人的肯定,获得尊严、物质和精神上的独立、自强,获得精神的愉悦、解放和自由,获得优越感,使人情与智慧都获得提升与进步,从而实现自我的圆满。人在劳动中可以切切实实地感受到生活的艰辛、财富的来之不易、民生的疾苦、劳动人民的辛苦、世间的种种辛劳和艰难困苦,从而培养同情心、平等心,感受生命、人生、生活、世界的苦与乐。

综上所述,人类的劳动对于人自身的修炼、人的学习的进步、人的工作的成功、人的家庭的幸福、人与人之间的交流与合作的实现、公共环境与生活的美好与进步、社会的和谐繁荣与进步、国家的昌盛、世界的发展进步、人类的福祉的实现,有决定性的意义。

知识点 4:劳动创造了新中国

1. 中华人民共和国成立时的百废待兴

自 1840 年以来,我们伟大的祖国倍受凌辱,经历了一场场战争,比如第一次鸦片战争(1840—1842 年)、第二次鸦片战争(1856—1860 年)、中法战争(1883—1885 年)、甲午战争(1894—1895 年)、八国联军侵华战争(1900—1901 年)、抗日战争(1931—1945 年)等。

帝国主义一百多年的对华侵略战争,使中国割让大片土地,领土完整遭到严重破坏,主权遭到侵犯,自然经济逐步解体,资本主义列强的剥削与压榨使得中国被迫卷入资本主义世界市场当中,处处受限于资本主义国家的市场发展需求,中国开始近代化进程,打破了闭关锁国政策,国门被迫打开。结果是整个中国满目疮痍、民不聊生、百废待兴,至 1949 年末中国人口约 54167 万人,国内生产总值(GDP)408 亿元(仅相当于 2019 年不到 4 小时的 GDP 水平,每小时约 102 亿元)。

2. 劳动创造新中国历史

1)中华人民共和国初期建设高潮

1949 年 10 月 1 日,中华人民共和国成立,这极大地激励着全体中国人民,在中国共产党的正确领导下,各族人民精神矍铄,斗志昂扬,建设新中国的热情高涨,使得新中国成立后的三年国民经济恢复期和第一个五年计划(1953—1957 年)的发展速度飞涨,初步建立起独立的比较完整的工业体系和国民经济体系,培养了大批技术人才,为社会主义工业化奠定了初步基础。(图 1-3)

随后,中国社会主义建设进入了探索期,直至 1978 年党的十一届三中全会。

图 1-3　新中国第一位女拖拉机车手

2)改革开放40年的辉煌

1978年中国共产党十一届三中全会确定改革开放,全党全国的工作重点转移到以经济建设为中心上来,改革开放发展经济顺应了党心民心,掀起了经济建设高潮。尤其是邓小平1992年南方谈话,中国经济建设帆正风满,1997年的亚洲金融危机、2008年的国际金融危机都未能阻挡经济发展势头,使中国保持了持续快速稳定发展。

2018年,我国国内生产总值增长6.6%,总量突破90万亿元,居民消费价格上涨2.1%,城镇新增就业1361万人,调查失业率稳定在5%左右的较低水平,经济运行保持在合理区间。同时,经济结构不断优化、发展新动能快速成长、改革开放取得新突破、三大攻坚战开局良好、人民生活持续改善。这些成绩单为未来中国经济实现高质量发展奠定了坚实基础,也再次证明了有中国共产党的正确领导,全国各族人民的辛勤劳动,我们的未来一定会更好。

3)中国新时代的未来

2017年10月18日,中国共产党第十九次全国代表大会在北京开幕。十九大报告提出了中国发展新的历史方位——中国特色社会主义进入了新时代。

中国特色社会主义进入新时代,意味着近代以来久经磨难的中华民族迎来了从站起来、富起来到强起来的伟大飞跃,迎来了实现中华民族伟大复兴的光明前景;意味着科学社会主义在21世纪的中国焕发出强大生机活力,在世界上高高举起了中国特色社会主义伟大旗帜;意味着中国特色社会主义道路、理论、制度、文化不断发展,拓展了发展中国家走向现代化的途径,给世界上那些既希望加快发展又希望保持自身独立性的国家和民族提供了全新选择,为解决人类问题贡献了中国智慧和中国方案。

实现中华民族伟大复兴就是新时代中国共产党的历史使命,这也是近代以来中华民族最伟大的梦想。

党的十九大是一次不忘初心、牢记使命、高举旗帜、团结奋进的历史性盛会,极大地鼓舞了全党全国人民为实现中华民族伟大复兴的中国梦而奋斗的信心和力量,具有极其重大的历史意义。

党的十九大规划了我们未来的宏伟蓝图,到2020年,我们要全面建成小康社会、实现第一个百年奋斗目标;同时我们要乘势而上开启全面建设社会主义现代化国家新征程,向第二个百年奋斗目标进军,到2035年基本实现社会主义现代化;到21世纪中叶建成富强民主文明和谐的社会主义现代化强国。

2019年是中华人民共和国成立70周年,面对国内外风险挑战明显上升的复杂局面,在以习近平同志为核心的党中央坚强领导下,各地区各部门以习近平新时代中国特色社会主义思想为指导,全面贯彻党的十九大和十九届二中、三中、四中全会精神,按照党中央、国务院决策部署,坚持稳中求进工作总基调,坚持新发展理念和推动高质量发展,坚持以供给侧结构性改革为主线,着力深化改革扩大开放,持续打好三大攻坚战,统筹稳增长、促改革、调结构、惠民生、防风险、保稳定,扎实做好稳就业、稳金融、稳外贸、稳外资、稳投资、稳预期工作,经济运行总体平稳,发展水平迈上新台阶,发展质量稳步提升,人民生活福祉持续增进,各项社会事业繁荣发展,生态环境质量总体改善,"十三五"规划主要指标进度符合预期,全面建成小康社会取得新的重大进展。据统计核算,2019年国内生产总值990865亿元,比上年增长6.1%;人均国内生产总值70892元,比上年增长5.7%;全国万元国内生产总值能耗比上年下降2.6%;全员劳动生产率为115009元/人,比上年提高6.2%;年末全国内地总人口 140005 万人；年末国家外汇储备 31079 亿美元，比上年末增加 352 亿美元；年末全国城镇调查失业率为 5.2%。

劳动故事

"两弹一星"先进群体——精神之光 永不熄灭

历史会永远铭记这样一个英雄群体。

1999 年 9 月 18 日，党中央、国务院、中央军委决定，对当年为研制"两弹一星"做出突出贡献的 23 位科技专家予以表彰，并授予于敏、王大珩、王希季、朱光亚、孙家栋、任新民、吴自良、陈芳允、陈能宽、杨嘉墀、周光召、钱学森、屠守锷、黄纬禄、程开甲、彭桓武"两弹一星功勋奖章"，追授王淦昌、邓稼先、赵九章、姚桐斌、钱骥、钱三强、郭永怀"两弹一星功勋奖章"。（图 1-4）

图 1-4 "两弹一星"先进群体

在新中国 70 年的光辉历程中，"两弹一星"的成功研制，是中华民族为之自豪的伟大成就。1964 年 10 月 16 日，大漠深处一声巨响，我国第一颗原子弹爆炸成功；1966 年 10 月 27 日，我国第一颗装有核弹头的地地导弹飞行爆炸成功；1967 年 6 月 17 日，我国第一颗氢弹空爆试验成功；1970 年 4 月 24 日，我国第一颗人造卫星发射成功。

这样的成就令世界为之惊叹。"两弹一星"的成功研制，成为新中国社会主义建设伟大成就的重要标志，充分显示了中华民族的创造能力，在国内外产生了巨大而深远的影响。"两弹一星"为增强我国的科技实力特别是国防实力，奠定我国在国际舞台上的重要地位做出了不可磨灭的巨大贡献。

23 位"两弹一星"元勋是投身"两弹一星"研制工作先进群体的杰出代表。20 世纪 50 年代中期，以毛泽东同志为核心的党的第一代中央领导集体，根据当时的国际形势，为了保卫国家安全、维护世界和平，果断地做出了独立自主研制"两弹一星"的战略决策。大批优秀的科技工作者，包括许多在国外已经有杰出成就的科学家，怀着对新中国的满腔热爱，响应党和国家的召唤，义无反顾地投身到这一神圣而伟大的事业中来。

他们中的许多人,如钱学森、郭永怀等都在国外学有所成,拥有优越的科研和生活条件,但为了投身新中国的建设事业,他们冲破重重障碍和阻力,毅然回到祖国。也有很多人像于敏一样,为了研制"两弹一星",隐姓埋名几十年,连家人都不了解他们具体从事的工作。"一个人的名字早晚是要消失的,留取丹心照汗青,能把自己微薄的力量融进强国的事业之中,也就足以自慰了。"于敏这样表示。

"两弹一星"的研制是在新中国百废待兴、一穷二白的基础上开始的。科学家们和广大研制人员自力更生,发愤图强,大力协同,无私奉献,勇于攀登,完全依靠自己的力量,用较少的投入和较短的时间,突破了原子弹、导弹和人造地球卫星等尖端技术。从第一颗原子弹爆炸到第一颗氢弹试验成功,美国用了7年多,而中国仅用了2年8个月。

劳动故事

毛泽东的"责任田"

抗日战争时期,国民党顽固派在陕甘宁边区周围修筑了五道封锁线,隔断了边区和外界的交通,使边区的经济发生了很大的困难。为了粉碎国民党顽固派的经济封锁,党中央发出了"自力更生"的号召,于是一场轰轰烈烈的大生产运动在陕甘宁边区开展起来了。

这天,警卫班的战士们正在杨家岭毛泽东住的窑洞附近召开生产动员会。会上,战士们个个摩拳擦掌,表示要大干一场,争当生产模范。这热烈的气氛惊动了毛泽东,只见他快步从窑洞里走了出来。

"你们在开生产动员会,这很好嘛!"毛泽东来到了战士中间,满面笑容地说:"党中央号召我们开展生产运动,克服眼前的经济困难,减轻人民的负担,我们可要带好这个头!"

毛泽东双手叉着腰,环顾着两旁的山坡,充满信心地说:"杨家岭上的土地足够我们种植瓜果蔬菜了。我们还可以养猪,解决自己的吃肉问题。假如再能搞一个合作社,那我们大家的日常生活用品也不用发愁了。"说到这儿,毛泽东爽朗地笑了。

战士们被毛泽东这么一说,仿佛看到了满山满坡菜绿瓜黄的丰收景象,于是群情更加激奋。大家围在一起,出谋划策,商量怎样开荒种地,怎样引水浇田,并决定几天以后正式开工。

到了开工那天,天刚蒙蒙亮,战士们就扛着镢头下地了。战士们经过毛泽东住的窑洞门口,看到里面灯光仍然亮着,大家都知道主席又熬夜了,所以谁也不忍心去叫他。大家蹑手蹑脚地从门口走过,生怕打搅了主席,不料还是被毛泽东听到了。没一会儿工夫,只见毛泽东扛着镢头找来了,他边走边说道:"不是说好了给我一块地吗?我的一份在哪儿呢?"

"主席,您考虑革命大事,非常劳累,这开荒种地的小事就不用参加了。您的活,我们加把劲就都完成了。"战士们异口同声地说。

"不行!不行!开荒种地是党的号召,我也不应该例外。"

在毛泽东的一再坚持下,大家只好在临河不远处给他划出了一亩来地。

毛泽东分到责任田后,对这一"争"来的土地十分珍惜,只要一空下来,他就去挖地。战士们发现后,一齐赶来帮忙,毛泽东总是坚持自己完成。他说:"你们有你们的生产计划,我有我的生产任务,这块地,你们挖了叫我挖什么呢?别看我的年纪比你们大,我还敢与你们比一比,看谁的田种得好!"

此后，毛泽东硬是忙里偷闲，一镢头一镢头地把地挖好，又垒了一个小水坝，将河水引到地里。不久，地里便栽上了黄瓜、辣椒和西红柿。毛泽东又经常利用休息时间施肥、锄草，蔬菜越长越茂盛。

一分耕耘，一分收获。夏天到了，毛泽东田里的西红柿结得又红又大，辣椒又尖又长，黄瓜沉甸甸地低垂着头，个个顶花戴刺的，真是诱人极了。人们每走过这里，都禁不住要停下脚步称赞一番。

毛泽东亲手开荒种田的消息很快传遍了延河两岸，军民大生产的劲头更足了。

 劳动故事

杂交水稻之父——袁隆平

1953年8月，袁隆平毕业于西南农学院（现西南大学）农学系。同年被分配到湘西雪峰山麓安江农校教书。

1960年7月，他在农校试验田中意外发现一株特殊性状的水稻。他利用该株水稻试种，发现其子代有不同性质。因为水稻是自花授粉的，不会出现性状分离，所以他推论该为天然杂交水稻。随后他把雌雄同蕊的水稻雄花人工去除，授以另一个品种的花粉，尝试产生杂交品种。

1961年春天，他把这株变异株的种子播到创业试验田里，结果证明了1960年发现的那个"鹤立鸡群"的植株，是"天然杂交稻"。他当时是一个安江农校的教师，但面对当时严重饥荒，他立志用农业科学技术击败饥饿威胁，从事水稻雄性不育试验。

1964年7月5日，他在试验稻田中找到一株"天然雄性不育株"，经人工授粉，结出了数百粒第一代雄性不育株种子。

1965年7月，袁隆平又在14000多个稻穗中逐穗检查到6株不育株，并在此后两年播种中，共有4株成功繁殖了1~2代。其研究彻底推翻传统经典理论米丘林、李森科的"无性杂交"学说，并推论水稻亦有杂交优势。通过培育雄性不育系、雄性不育保持系和雄性不育恢复系的三系法途径来培育杂交水稻，可以大幅度提高水稻产量。

1966年2月28日，袁隆平发表第一篇论文《水稻的雄性不孕性》，刊登在中国科学院主编的《科学通报》半月刊第17卷第4期上。5月，国家科委九局局长赵石英同志，获悉袁隆平发表了《水稻的雄性不孕性》一文后，高度重视，以科委九局名义致函湖南省科委与安江农校，支持袁隆平的水稻雄性不育研究活动，指出这项研究的意义重大，如果成功，将使水稻大幅度增产。

1967年4月，袁隆平起草"安江农校水稻雄性不孕系选育计划"，呈报省科委与黔阳地区科委。6月，由袁隆平、李必湖、尹华奇组成的黔阳地区农校（安江农校改名）水稻雄性不育科研小组正式成立。

1968年4月30日，袁隆平将珍贵的700多株不育材料秧苗，插在安江农校中古盘7号田里，面积133平方米。5月18日晚上，中古盘7号田的不育材料秧苗，被全部拔除毁坏，成为未破的谜案。袁隆平心痛欲绝，事发后第4天才在学校的一口废井里找到残存的5根秧苗，继续坚持试验。

1970年夏，袁隆平从云南引进野生稻，拟在靖县（安江农校又搬迁到了靖县）做杂交试验,后因没有进行短光照处理而未成功。秋季,袁隆平带领科研小组的李必湖、尹华奇来到海南岛崖县南江农场进行三季水稻实验,并向该场技术员与工人调查野生稻分布情况。

1977年,袁隆平发表了《杂交水稻培育的实践和理论》与《杂交水稻制种与高产的关键技术》两篇重要论文。

2017年9月,在2017年国家水稻新品种与新技术展示现场观摩会上,袁隆平宣布一项剔除水稻中重金属镉的新成果:"近期我们在水稻育种上有了一个突破性技术,可以把亲本中的含镉或者吸镉的基因'敲掉',亲本干净了,种子自然就干净了。"

"杂交水稻之父"袁隆平(图1-5)及其团队培育的超级杂交稻品种"湘两优900(超优千号)"又创亩产纪录,经第三方专家测产,该品种的水稻在试验田内亩产1149.02千克。

图1-5 杂交水稻之父——袁隆平

 知识拓展

"五一"国际劳动节的由来

国际劳动节又称"五一国际劳动节""国际示威游行日"(International Workers' Day 或者 May Day),是世界上80多个国家的全国性节日,定在每年的5月1日。它是全世界劳动人民共同拥有的节日。1889年7月,由恩格斯领导的第二国际在巴黎举行代表大会。会议通过决议,规定1890年5月1日国际劳动者举行游行,并决定把5月1日这一天定为国际劳动节。

我国于1949年将5月1日确定为劳动节。1989年后,国务院基本上每五年表彰一次全国劳动模范和先进工作者,每次表彰3000人左右。

不过,并不是所有国家都将5月1日定为劳动节,那些同过"五一"的国家,具体的庆祝方式和习惯也大不相同。

1. 欧洲

俄罗斯:游行、集会、娱乐一个都不少。自国际上设立劳动节以来,俄罗斯一直重视这个特别的节日。"五一"这天,俄罗斯全国放假,并举行各种庆祝活动及群众性游行。过去,上述活动主要是由政府组织,游行队伍中包括各企业、机关的代表。除政府统筹的庆祝活动外,各种不同政见的非政府组织、劳工团体,都会在这一天自发举行各种庆祝活动,既可以借这个机会充分阐述各自的政见,又能扩大本组织的影响。一般来说,"五一"游行的队伍要先穿过城市的主要街道、广场,最后在古老的或者宽阔的中心广场举行大型集会和庆典。同时,俄罗斯各地的各种俱乐部还会举行内容丰富、色彩缤纷的娱乐活动,人们的节日情绪很高。

英国、法国等欧洲国家都将"五一"确定为劳动节,不少国家都放假一天,还有的国家则根据情况将公共假期放在5月的第一个星期一。不过,和世界大多数国家不太一样的是,意大利尽管承认"五一"国际劳动节,政府也表示尊重劳工,但一般并不举行专门的庆祝活动,也没有全国性的"五一"假期。

2. 美洲

秘鲁:国家规定5月1日为国家的劳动节,而且全国放假一天。

美国:劳动节起源于美国,不过当前美国不庆祝"五一"。他们把每年9月的第一个星期一定为劳动节,美国人可以放假一天,全美各地的民众一般都会举行游行、集会等各种庆祝活动,以示对劳工的尊重。在一些州,人们在游行之后还要举办野餐会,热闹地吃喝、唱歌、跳舞。入夜,有的地方还会放焰火。

3. 亚洲

日本:劳动节逢"黄金周",因此,劳动节专门的庆祝活动日渐被"五一黄金周"取代,而且从4月29日开始,日本就已经进入了"黄金周"。

泰国:于1932年首次颁布劳工条例,随后将每年的5月1日确定为国家的劳动节,以此嘉奖辛勤工作的劳动者。这一天,泰国全国统一放假一天,在首都以及一些大城市会有相关的庆祝活动,不过规模一般都不会太大。

4. 非洲

埃及:劳动节是埃及的官方节日。

南非:自1994年以来,每年5月1日至5日放假调休,为公众假期。

 实践活动1:检索劳动创造历史的资料

活动目标:

(1)课前互动,说一说自己认识的劳动与历史的关系;

(2)通过本节的学习,阐述劳动与历史的关系;

(3)划分学习小组,分组完成实践活动内容;

(4)各学习小组分享任务,讨论成果并选出汇报人;

(5)分组汇报检索的成果。

活动内容：

结合所学的内容，利用手机、平板电脑、电脑等搜索2~3个历史上的劳动故事并对其进行分析，选择其一为案例，在A4纸上画出思维导图，阐述其劳动类型、劳动价值和给予你的启发，后进行课堂分享。

讨论时间：30分钟。

小组构成：5~6人。

活动评价（表1-1）：

表1-1 检索劳动创造历史的资料活动评价表

序号	活动内容	分值	自评	互评	师评
1	学习材料准备的完成度	10			
2	课堂问题的参与度	10			
3	小组讨论的参与度	30			
4	成果汇总的参与度	30			
5	成果展现的程度	20			
	合计	100			

活动思考：

（1）你是否有耳熟能详的历史劳动故事，知晓其具体内容、精神内核，并受到启发？

（2）在课堂活动时，你是否积极参与头脑风暴、成果设计和成果展现环节？

实践活动2：检索劳动在中华人民共和国成立后的发展情况

活动目标：

（1）介绍中华人民共和国成立初期的情况，讲述劳动故事；

（2）收集优秀劳动集体或个人的故事进行分享；

（3）小组讨论并分享感受。

活动内容：

（1）了解中华人民共和国成立初期我国工农业情况；

（2）你对中华人民共和国成立初期的劳动建设状况了解多少？你知道造成中华人民共和国成立初期这种劳动建设状况的原因吗？是否知道一些中华人民共和国建设者的劳动故事呢？

（3）收集并阅读劳动故事，进行学习资料的整理。

（4）小组讨论分享对劳动故事的学习感受，感知劳动创新发展，从自己收集的5个劳动故事中选取其中一例，利用手机、平板电脑、电脑搜索相关扩展资料，在A4纸上画出思维导图，阐述其劳动内容、劳动价值和给予你的启发，后进行课堂分享。

（5）讨论时间：30分钟。

（6）小组构成：5~6人。

活动评价(表 1-2):

表 1-2　检索劳动在中华人民共和国成立后的发展情况活动评价表

序号	活动内容	分值	自评	互评	师评
1	学习材料准备的完成度	10			
2	课堂问题的参与度	10			
3	小组讨论的参与度	30			
4	成果汇总的参与度	30			
5	成果展现的程度	20			
	合计	100			

活动思考:

(1)你是否有熟知的劳动在新中国成立后的发展事迹,知晓其具体内容、精神内核,并受到启发?

(2)在课堂活动时,你是否积极参与头脑风暴、成果设计和成果展现环节?

第二节　弘扬劳动精神

> **学习目标**
>
> 1. 了解劳动精神的内涵。
> 2. 探寻弘扬劳动精神的途径。
> 3. 搜集劳动者的闪光故事，并能从中得到启发。
> 4. 培养自我的劳动意识和劳动精神。

知识链接

知识点1：劳动精神的内涵

劳动精神是指一种热爱劳动、崇尚劳动、尊重劳动的精神，它具体体现在劳动的光荣性、劳动的自觉性、劳动的时代推动性以及劳动的普通性、广泛性和劳动的奉献性、自我实现性。

同时劳动精神还是每个劳动者在创造美好生活、在劳动过程中所持有的劳动理念、态度以及自身的精神风貌，拥有正确的劳动精神才能让我们学会正确地通过劳动来实现自己的理想。

在全国劳动模范的身上，我们可以看到劳动精神最好的诠释，劳动是推进社会发展、祖国强盛的重要条件，因此我们在日常生活中都要努力学习劳动模范，深刻贯彻、发展劳动精神。

劳动精神是每一位劳动者为创造美好生活而在劳动过程中秉持的劳动态度、劳动理念及其展现出的劳动精神风貌。党的二十大以来，习近平总书记关于劳动和劳动精神的系列重要讲话是我们正确理解劳动精神的重要依据，也是大力弘扬劳动精神的重要参考。"我们要在全社会大力弘扬劳动精神，提倡通过诚实劳动来实现人生的梦想、改变自己的命运。"关于劳动，习近平总书记强调，劳动是财富的源泉，也是幸福的源泉。

劳动创造了中华民族，造就了中华民族的辉煌历史，也必将创造出中华民族的光明未来。习近平总书记关于劳动和劳动精神的思想为我们正确认识劳动精神的科学内涵指明了方向。全社会都要贯彻尊重劳动、尊重知识、尊重人才、尊重创造的重大方针，维护和发展劳动者的利益，保障劳动者的权利。要坚持社会公平正义，排除阻碍劳动者参与发展、分享发展成果的障碍，努力让劳动者实现体面劳动、全面发展。全社会都要热爱劳动，以辛勤劳动为荣，以好逸恶劳为耻。

知识点 2:劳动精神与工匠精神的关联

劳动精神是所有劳动者的共性,每一位劳动者都应该有劳动精神。工匠精神则揭示了不甘于平庸的劳动者的个性,是成就优秀劳动者的必要条件。个性不仅是产品和企业的核心竞争力,也是劳动者的核心竞争力。这里所说的劳动者的个性主要是指劳动者在自我超越过程中彰显出的个人优势及其精神状态,也就是工匠精神。换句话讲,没有工匠精神的劳动者很难有出色的成就和骄人的业绩。精益求精、追求极致是践行工匠精神的核心,也是成就杰出劳动者的根源。当然,如果工匠精神成就的劳动者不仅大大超越了过去的自己,也大大超越了别人,在企业、行业、全国乃至全世界都成为最优秀的劳动者。那么,他就会成为别人学习的榜样和楷模,最终就会成为劳模,劳模精神也随之产生。

按照马克思主义的基本观点,劳动创造了人本身。劳动精神是成为人的精神,工匠精神是成为更加优秀的人的精神,劳模精神则是成为影响别人的人的精神。成为人、成为更加优秀的人、成为影响别人的人,就是一种逐步递进的关系。党和国家现在大力呼吁弘扬劳动精神、工匠精神、劳模精神,目的就在于让每一个人都热爱劳动,成为自食其力的劳动者,更要成为优秀的劳动者,甚至成为广大劳动者群体中的佼佼者和大家学习的榜样。

 ## 知识点 3:新时代劳动精神的具体体现

新时代劳动精神具体体现在以下几点:①劳动的普通性与广泛性;②劳动的光荣性;③劳动的奉献性与自我实现性;④劳动的自觉性;⑤劳动的时代推动性。

在新时代中国特色社会主义伟大实践的条件下,劳动者的劳动精神表现为"劳动光荣、劳动伟大"的劳动理念、"爱岗敬业、争创一流"的劳动态度、"淡泊名利、无私奉献"的劳动品德、"艰苦奋斗、勇于创新"的劳动习惯。

人世间的美好梦想,只有通过诚实劳动才能实现;发展中的各种难题,只有通过诚实劳动才能破解;生命里的一切辉煌,只有通过诚实劳动才能铸就。崇尚劳动、热爱劳动、辛勤劳动、诚实劳动,是人生出彩的金钥匙,也是创造美好生活的必经之路。

 劳动故事

伟大的教育工作者——张桂梅

张桂梅,1957 年 6 月生于黑龙江省牡丹江市,原籍辽宁省岫岩满族自治县,1975 年 12 月参加工作,1998 年 4 月加入中国共产党,丽江华坪女子高级中学书记、校长,华坪县儿童福利院院长(义务兼任),丽江华坪桂梅助学会会长。

华坪县民族中学女教师张桂梅,是 1996 年 8 月从大理市调到华坪任教的。当时,她放弃了进条件最好的华坪一中的机会,而选择了中心中学(当时中心中学因没有教室而实行一个学校两个分点教学的办法,初一、初二年级 12 个班在原七中校址,初三年级 8 个班在原六中校址)。

到中心中学后,她承担了4个毕业班的政治教学工作、毕业班的女生工作,还协助学校搞文艺工作。在工作中,她尽职尽责,奉献了所有的精力。由于课时有限,她只能在休息的时间给学生补课、考试等。每天早晨7点她第一个走进教室,晚上10点最后一个离开教室。星期六、星期天,当人们都在休息娱乐时,却正是张老师工作最紧张的时候。她所任教班级的教室有的在前院,有的在后院,相隔100多米,每天早上、晚上她总是前后跑动着辅导学生学习。在抓好教学工作的同时,她还利用空闲时间给个别学生补课、谈心。同时,她还积极组织学生参加丰富多彩的文娱活动。

1997年8月,华坪县民族中学(民中)成立,当时正在住院做手术的张老师得知民中学生最穷,生源素质最差,经费最紧张,又看到民中校舍最破陋、设备最差时,她又主动要求调到民中工作。谁都知道,在学校工作中,班主任工作是最重要的一环。除了抓学生的学习外,学生的日常生活、思想动向都得班主任亲自抓,一个班级、一个学校的班风、校风的好坏多取决于班主任工作的认真细致与否。张老师调到民中后,就主动承担了毕业班15班的班主任工作及该班语文、政治两个学科的教学工作,同时,还承担了学校妇女工作、语文教研组研讨工作及一些校务工作。

民中的学生基本上来自边远贫困山区,家庭普遍困难。冬天来了,学生还穿着单薄的衣服,坐在教室里瑟瑟发抖,张老师为他们捐出了自己的衣服、鞋子、被子、毛毯,还用自己不高的工资为贫困学生购置避寒衣物。1997年12月的一天深夜,一个男生突发高烧,张老师得知后,立即赶到宿舍。当她看到这位学生寒冬腊月还盖着薄薄的毯子时,心情十分沉重,她当即含着热泪把丈夫去世时留下的唯一的纪念物——毛呢大衣,送给了这位学生,并且连夜把学生送到医院,替学生付了580元的住院费。第二天,当学生家长闻讯赶到医院时,张老师还守候在病床前。这时她脸色苍白,神情憔悴——她已守候学生已整整10个小时。这位傈僳族老人感动得热泪盈眶。张老师没有子女,但她这颗拳拳慈母心,又何止让一位学生家长感动呢!

1997年4月,张老师被查出患有子宫肌瘤,腹腔迅速膨胀,疼痛难忍。她一面吃止疼药,一面把工作量加到了最大限度。当她知道自己生命垂危时,面对一纸无情的病检报告(当时医院诊断为癌症),她没让领导、同事、学生知道,而是默默忍受着身体和心灵上生与死的煎熬。在这几个月里,同事们经常看见她在通往教室的路上一步一步往前挪。她给学生加大了复习量,也加大了自己的工作量,她每天早上6点多钟起床,晚上批阅作业试卷到12点。就这样,她一直坚持到7月份,把学生送进中考考场后,才向领导说明情况,住进了昆明的一家医院进行手术治疗,切除的子宫和肿瘤重达2千克多。手术后,医生要求她至少休养半年,可是手术后的第24天,她就回到民中上班了。由于手术失血过多,伤口没有完全愈合,巨大的疼痛折磨着她,可她仍然坚持站上讲台。

人们常不解地问她:这样做有什么目的,有什么好处?什么力量使她这样坚强?张老师总是笑着说:"如果我有追求,那就是我的事业;如果我有期盼,那就是我的学生;如果我有动力,那就是党和人民"。

张桂梅现在正在筹建一所贫困女子高中。这些年她亲眼看见了许多农村女孩初中毕业后不能继续上学,过几年就嫁人的情况,希望能为她们建立起一所免费的高中,来这里上学的女孩子不用交书费,不用交学费。希望让山里所有的女孩子能继续接受教育,接受高中的教育,更希望知识可以改变她们的命运。现在政府对这个工作非常支持,也将把这所学校的老师纳入编制。但办个高中不是小事情,单靠市委市政府,单靠几个人是做不成这个事情的。这个事情需要全社会的关心和帮助。

2020年6月29日,张桂梅被云南省委宣传部授予"云岭楷模"称号;12月3日,被中共中央授予"全国优秀共产党员"称号;12月10日,被中宣部授予时代楷模称号,先后荣获"全国先进工作者""全国十佳师德标兵""中国十大女杰""全国精神文明十佳人物""全国五一劳动奖章""全国十佳知识女性""中国十大教育年度人物""全国百名优秀母亲""全国最美乡村教师""全国优秀教师""全国三八红旗手""全国教书育人楷模"等称号,她也是党的十七大、二十大代表。(图1-6)

图1-6　张桂梅老师

 劳动故事

中国首位诺贝尔医学奖获得者——屠呦呦

屠呦呦(1930年12月30日—),女,浙江宁波人,中共党员,药学家。1951年考入北京大学医学院药学系生药专业。1955年毕业于北京医学院(今北京大学医学部),毕业后接受中医培训两年半,并一直在中国中医研究院(2005年更名为中国中医科学院)工作,其间晋升为硕士生导师、博士生导师。现为中国中医科学院首席科学家,终身研究员兼首席研究员,青蒿素研究开发中心主任,博士生导师,共和国勋章获得者。

屠呦呦多年从事中药和中西药结合研究,突出贡献是创制新型抗疟药青蒿素和双氢青蒿素。1972年她成功提取分子式为$C_{15}H_{22}O_5$的无色结晶体,命名为青蒿素。2011年9月,因发现青蒿素——一种用于治疗疟疾的药物,挽救了全球特别是发展中国家数百万人的生命获得拉斯克奖和葛兰素史克中国研发中心"生命科学杰出成就奖"。2015年10月获得诺贝尔生理学或医学奖,理由是她发现了青蒿素,该药品可以有效降低疟疾患者的死亡率。

屠呦呦是第一位获诺贝尔科学奖项的中国本土科学家,诺贝尔科学奖项是中国医学界迄今为止获得的最高奖项,也是中医药成果获得的最高奖项。

2017年1月9日屠呦呦获2016年国家最高科学技术奖。2018年12月18日,党中央、国务院授予屠呦呦同志改革先锋称号,颁授改革先锋奖章。2019年5月,她入选福布斯中国科技50女性榜单。2020年3月屠呦呦入选《时代周刊》100位最具影响力女性人物榜。(图1-7)

图1-7 中国首位诺贝尔医学奖获得者——屠呦呦

 知识拓展

工匠精神

"工匠精神"可以从六个维度加以界定,即:专注、标准、精准、创新、完美、人本。其中,专注是工匠精神的关键,标准是工匠精神的基石,精准是工匠精神的宗旨,创新是工匠精神的灵魂,完美是工匠精神的境界,人本是工匠精神的核心。

(1)专注。围绕某一产业、某一行业、某一产品、某一部件,做专做精、做深做透、做遍做广、做强做大、做久做远。

(2)标准。做标准是做企业的最高境界。标准包括:员工标准、现场标准、流程标准、设备标准、技术标准、安全标准、环境标准、产品标准等。

(3)精准。精准包括:精准研发、精准制造、精准营销、精准物流、精准服务。不仅每一区段都要做到精准,而且整个过程都要做到精准。

进入互联网时代后,"精准"在技术上又有了新的挑战。一是精准数据。例如,德国采用自动化和信息化技术收集数据,这保证了数据的完整性和精准性。而国内由于自动化和信息化水平低,一般还以人工收集数据为主,从而导致数据上的不完整性和不精确性。二是精准链接。

(4)创新。创新是"工匠精神"的灵魂。创新既包括迭代式创新,也包括颠覆式创新;既包括微创新,也包括巨创新;还有跨界创新等。"工匠精神"内涵本身也在不断发展。

(5)完美。完美是专注、标准、精准、创新的自然产物和综合体现。完美,即把产品做得像艺术品一样精美、精致,以此实现从质量制造向"艺术制造"的转型。

(6)人本。"工匠精神"的核心在人。产品是人品的物化。过去,产品、人品是分离的;现在,产品、人品是合一的。

实践活动:讲述劳动精神

活动目标:
(1)了解劳动模范舍身忘我、为国为民的劳动事迹。
(2)小组讨论,分享感受。
(3)能够讲述不同时代的劳动模范故事,并进行分析,形成自己对劳动精神的理解。
(4)感悟不同时代劳动者的劳动精神,懂得"劳动最光荣",践行新时代劳动精神和工匠精神。

活动内容:
(1)搜集不同时代劳动模范的故事,并进行分析总结,感悟不同时代所需要的不同劳动精神。
(2)小组讨论对本节劳动故事的学习感受,并和组员分享,利用手机、平板电脑、电脑搜索相关扩展资料,在A4纸上画出思维导图,阐述小组成员的学习感悟,后进行课堂分享。
(3)讨论时间:30分钟。
(4)小组构成:5~6人。

活动评价(表1-3):

表1-3 讲述劳动精神活动评价表

序号	活动内容	分值	自评	互评	师评
1	学习材料准备的完成度	10			
2	课堂问题的参与度	10			
3	小组讨论的参与度	30			
4	成果汇总的参与度	30			
5	成果展现的程度	20			
	合计	100			

活动思考:
(1)你是否了解劳动精神、知晓一定的劳动模范人物事迹?你身边是否有值得学习的劳动模范?
(2)在课堂活动时,你是否积极参与头脑风暴、成果设计和成果展现环节?

第二章 劳模精神，引领时代

第一节 认识劳动模范,新时代的追梦人

学习目标

1. 了解劳动模范的含义。
2. 了解劳动模范的新时代特色。
3. 搜集劳模故事,学习劳模的优秀品质。

知识链接

2021年5月1日,在"五一"国际劳动节之际,中共中央总书记、国家主席、中央军委主席习近平向全国广大劳动群众致以节日的祝贺和诚挚的慰问。他高度肯定广大劳动群众为党和国家事业发展作出的重要贡献,并希望广大劳动群众大力弘扬劳模精神、劳动精神、工匠精神,勤于创造、勇于奋斗,更好发挥主力军作用,满怀信心投身全面建设社会主义现代化国家、实现中华民族伟大复兴中国梦的伟大事业。

知识点1:劳动模范的含义

劳动模范简称劳模,是在社会主义建设事业中成绩卓著的劳动者,经职工民主评选,有关部门审核和政府审批后被授予的荣誉称号。劳模即劳动模范和先进工作者简称。劳模是工人阶级的优秀代表,是民族的精英、国家的栋梁、社会的中坚、人民的楷模,劳模是时代的永远领跑者。"劳模",代表一种饱含感情的符号;劳模,意味着一束"光",是一束能照亮黑夜,温暖人心的希望之光;劳模,意味着一种"文",是一种人理之伦、人生之道的"人文"。

知识点2:劳动模范的时代特色

为适应时代发展的潮流,必须要有一批高素质的人才。培养一支有觉悟又掌握现代先进技能的产业工人队伍的任务,历史性地摆在了中国工人阶级的面前。具有优良传统的以

劳动模范为代表的中国工人阶级坦然承认自己的落后,拿出了十倍甚至百倍的努力来改变这种状况。用科学知识武装自己,做科技型、知识型劳动者,成了当代工人阶级的追求。

随着社会的发展,劳模也由新中国成立初期以苦干实干为主,转向今天的高科技、高知识等多成分并重发展。新一代劳模在继承无私奉献、恪尽职守等优秀品德的同时,有广泛群众基础。他们爱岗敬业,扎实工作,赶超先进,在促进经济发展的同时又展示了进取创新、追求卓越、做先进生产力的推动者的风采。(图 2-1)

图 2-1 新时代的劳动者

劳动故事

李时珍与《本草纲目》的故事

李时珍(图 2-2),字东璧,晚年自号濒湖山人,湖广黄州府蕲州(今湖北省蕲春县)人,生于明武宗正德十三年(公元 1518 年),卒于明神宗万历二十一年(公元 1593 年)。他家世代业医,祖父是"铃医"。父亲名闻,号月池,是当地名医。那时,民间医生地位很低。李家常受官绅的欺侮。因此,父亲决定让二儿子李时珍读书应考,以便一朝功成,出人头地。李时珍自小体弱多病,然而性格刚直纯真,对那些空洞乏味的八股文,怎么也学不进去。自十四岁中了秀才后九年,三次到武昌考举人,都落第了。于是,他放弃了科举做官的打算,专心学医,求父亲说:"我今年二十三岁了,老是考不上,您还是让我学医吧!"并且表示了这样的决心:"身如逆流船,心比铁石坚。望父全儿志,至死不怕难。"李月池在冷酷的事实面前终于醒悟了,同意儿子的要求,并精心地教授他。不几年,李时珍果然成为很有名望的医生。大约到了三十八岁,李时珍就被武昌的楚王召去,任王府"奉祠正",兼管良医所事务。三年后,又被推荐上京任太医院判。太医院是专为宫廷服务的医疗机构,当时,被一些庸医弄得乌烟瘴气。只任职一年,李时珍便辞职回乡。

图 2-2　李时珍

在这十几年中,李时珍阅读了大量古医籍,又经过临床实践,发现古代的本草书籍"品数既烦,名称多杂,或一物而析为二三,或二物而混为一品"(《明外史本传》)。特别是许多毒性药品,竟被认为可以"久服延年",因而遗祸无穷。于是,他决心要重新编纂一部本草书籍。三十一岁那年,他就开始酝酿,为了"穷搜博采",读了大量参考书。家藏的书读完了,就利用行医的机会,向本乡豪门大户借。后来,他进了楚王府和太医院,读的书就更多,简直成了"书迷"。他自述"长耽典籍,若啖蔗饴"(《本草纲目》原序)。顾景星在《李时珍传》里,也赞他"读书十年,不出户庭,博学无所弗窥"。确实如此,他不但读了八百余种上万卷医书,而且看过不少历史、地理和文学名著,敦煌的经史巨作,他遍读了;几个古代伟大诗人的全集也都仔细钻研过。他还摘录了大量有关医药学的诗句。这些诗句给了他许多真实有用的医药学知识,帮助他纠正了前人在医药学上的许多谬误。如古代医书中,常常出现"鹜与凫"。它们指的是什么?是否有区别?历代药物学家众说纷纭,争论不休。李时珍摘引屈原《卜居》中的"将与鸡鹜争食乎""将泛泛若水中之凫"两句,指出诗人把"鹜"与"凫"对举并称,就是它们不是同一种禽鸟的明证。他又根据诗中对它们不同生活环境的描绘,证明"鹜"是家鸭,"凫"是野鸭子,药性不同。屈原的诗赋,竟成了李时珍考证药物名实的依据。

在编写《本草纲目》的过程中,最使李时珍头痛的就是由于药名混杂,往往弄不清药物的形状及生长的情况。过去的本草书,虽然作了反复的解释,但是由于有些作者没有深入实际进行调查研究,而是在书本上抄来抄去,所以越解释越糊涂,而且纰漏百出,使人莫衷一是。例如药物远志,南北朝著名医药学家陶弘景说它是小草,像麻黄,但颜色青,开白花,宋代马志却认为它像大青,并责备陶弘景根本不认识远志。又如狗脊一药,有的说它像草薢,有的说它像菝葜,有的又说它像贯众,说法很不一致。类似此情况很多,李时珍不得不一次又一次搁下笔来。这些难题该怎样解决呢?在他父亲的启示下,李时珍认识到,"读万卷书"固然需要,但"行万里路"更不可少。于是,他既"搜罗百氏",又"访采四方",深入实际进行调查。

李时珍穿上草鞋,背起药筐,在徒弟庞宪、儿子建元的伴随下,远涉深山旷野,遍访名医宿儒,搜求民间验方,观察和收集药物标本。他首先在家乡蕲州一带采访。后来,他多次出外采访。除湖广外,他还到过江西、江苏、安徽好多地方,均州的太和山也到过。盛产药材的江西庐山和南京的摄山、牛首山,估计也有他的足迹。后人为此写了"远穷僻壤之产,险探麓之华"的诗句,反映他远途跋涉,四方采访的生活。

李时珍每到一地,就虚心向各式各样的人请教,其中有采药的,有种田的,有捕鱼的,有砍柴的,也有打猎的。人们都热情地帮助他了解各种各样的药物。

比如芸薹,是治病常用的药。但究竟是什么样的?《神农本草经》说不明白,各家注释也搞不清楚。李时珍问一个种菜的老人,在他的指点下,又查看了实物,才知道芸薹实际上就是油菜。这种植物,头一年下种,第二年开花,种子可以榨油,于是,这种药物,便在他的《本草纲目》中一清二楚地注解出来了。

在四处采访中,或在自己的药圃里,李时珍都非常注意观察药物的形态和生长情况。蕲蛇,即蕲州产的白花蛇。这种药有医治风痹、惊搐、癣癞等功用。李时珍很早就开始研究它。但开始,只从蛇贩子那里观察。内行人提醒他,那是从江南兴国州山里捕来的,不是真的蕲蛇。那么真正的蕲蛇又是什么样子呢?他请教一位捕蛇的人。那人告诉他,蕲蛇牙尖有剧毒。人被咬伤,要立即截肢,否则就中毒死亡。其在治疗上述诸病有特效,因此非常贵重。州官逼着百姓冒着生命危险去捉蕲蛇,以便向皇帝进贡。蕲州那么大,其实只有城北龙峰山上才有真正的蕲蛇。李时珍追根究底,要亲眼观察蕲蛇,于是请捕蛇人带他上了龙峰山上。那里有个狻猊洞,洞周围怪石嶙峋,灌木丛生。缠绕在灌木上的石南藤,举目皆是。蕲蛇喜欢吃石南藤的花叶,所以生活在这一带。李时珍置危险于度外,到处寻找。在捕蛇人的帮助下,终于亲眼看见了蕲蛇,并看到了捕蛇、制蛇的全过程。由于这样深入实际调查过,后来他在《本草纲目》中写到白花蛇时,就得心应手,说得简明准确。说蕲蛇的形态是:"龙头虎口,黑质白花,胁有二十四个方胜文,腹有念珠斑,口有四长牙,尾上有一佛指甲,长一二分,肠形如连珠";说蕲蛇的捕捉和制作过程是:"多在石南藤上食其花叶,人以此寻获。先撒沙土一把,则蟠而不动,以叉取之,用绳悬起,剖刀破腹去肠物,则反尾洗涤其腹,盖护创尔。乃以竹支定,屈曲盘起,扎缚烷干。"同时,也搞清了蕲蛇与外地白花蛇的不同之处:"出蕲地者,虽干枯而眼光不陷,他处者则否矣。"这样清楚地叙述蕲蛇各种情况,当然是得益于实地细致的调查。

李时珍了解药物,并不满足于走马看花式的调查,而是一一采视,对着实物进行比较核对。这样弄清了不少似是而非的药物。用他的话来说,就是"一一采视,颇得其真","罗列诸品,反复谛视"。

当时,太和山五龙宫产的"榔梅",被道士们说成是吃了"可以长生不老的仙果"。他们每年采摘回来,进贡皇帝。官府严禁其他人采摘。李时珍不信道士们的鬼话,要亲自采来试试,看看它究竟有什么功效。于是,他不顾道士们的反对,竟冒险采得一个。经研究,发现它的功效跟普通的桃子、杏子一样,能生津止渴而已,是一种变了形的榆树的果实,并没有什么特殊功效。鲮鲤,即今天说的穿山甲,是常用的中药。陶弘景说它能水陆两栖,白天爬上岩来,张开鳞甲,装出死了的样子,引诱蚂蚁进入甲内,再闭上鳞甲,潜入水中,然后开甲让蚂蚁浮出,再吞食。为了了解陶弘景的说法是否正确,李时珍亲自上山去观察,并在樵夫、猎人的帮助下,捉到了一只穿山甲。从它的胃里剖出了一升左右的蚂蚁,证实穿山甲食蚁这点,陶弘景是说对了。不过,从观察中,他发现穿山甲食蚁时,是搔开蚁穴,进行舐食,而不是诱蚁入甲,下水吞食,李时珍肯定了陶弘景对的一面,纠正了其错误之处。

就这样,李时珍经过长期的艰苦的实地调查,搞清了药物的许多疑难问题,于明万历戊寅年(公元1578年)完成了《本草纲目》的编写工作。全书约有190万字,五十二卷,载药一千八百九十二种,新增药物三百七十四种,载方一万多个,附图一千多幅,成了我国药物学的空前巨著。其中纠正前人错误甚多,在动植物分类学等许多方面有突出成就,并对其他有关的学科(生物学、化学、矿物学、地质学、天文学等)也做出贡献。达尔文称赞它是"中国古代的百科全书"。

劳动故事

石油工人——铁人王进喜

王进喜,甘肃玉门人,是新中国第一批石油钻探工人,全国著名的劳动模范。(图2-3)

图2-3 石油工人王进喜

  1938年，15岁的王进喜进入玉门石油公司当工人，中华人民共和国成立后历任玉门石油管理局钻井队长、大庆油田1205钻井队队长、大庆油田钻井指挥部副指挥，1956年加入中国共产党。他率领1205钻井队艰苦创业，打出了大庆第一口油井，并创造了年进尺10万米的世界钻井纪录，展现了大庆石油工人的气概，为我国石油事业立下了汗马功劳，成为中国工业战线一面火红的旗帜。王进喜以"宁可少活二十年，拼命也要拿下大油田"的顽强意志和冲天干劲，被誉为"油田铁人"。1959年，王进喜在全国"群英会"上被授予全国先进生产者称号。王进喜是中共第九届中央委员，第三届全国人大代表。

  1960年春，我国石油战线传来喜讯——发现大庆油田，一场规模空前的石油大会战随即在大庆展开。王进喜从西北的玉门油田率领1205钻井队赶来，加入了这场石油大会战。在重重困难面前，王进喜带领全队苦干5天5夜，打出了大庆第一口喷油井。在随后的10个月里，王进喜率领1205钻井队和1202钻井队，在极端困苦的情况下，克服重重困难，双双达到了年进尺10万米的奇迹。在那些日子里，王进喜身患重病也顾不上去医院；几百斤重的钻杆砸伤了他的腿，他靠着双拐继续指挥；一天，突然出现井喷，当时没有压井用的重晶粉，王进喜当即决定用水泥代替。成袋的水泥倒入泥浆池却搅拌不开，王进喜就甩掉拐杖，奋不顾身跳进齐腰深的泥浆池，用身体搅拌。井喷终于被制服，可是王进喜也累得站不起来了。房东大娘心疼地说："王队长，你可真是铁人啊！""铁人"的名号就是这样传开的。王铁人为发展祖国的石油事业日夜操劳，终致身心交瘁，积劳成疾，于1970年患胃癌病逝，年仅47岁。

  王进喜留下的"铁人精神"和"大庆经验"，成为我国进行社会主义建设的宝贵财富。1964年，毛主席向全国发出"工业学大庆"的号召。

  王进喜身上体现出来的"铁人精神"，激励了一代代的石油工人。"铁人"不仅是工人阶级的先锋战士、共产党人的楷模，他更是一个为国家分忧解难、为民族争光争气、顶天立地的英雄。

 知识拓展

劳模的经历

  1992年，全国总工会在中组部、教育部的大力支持下，在中国工运学院（现更名为中国劳动关系学院）创办了劳模本科班，从优秀工人中选拔干部，培养跨世纪后备人才。

  1992年8月31日，在中华全国总工会的高度重视和支持下，经教育部、中组部特批，中国工运学院迎来了48名首届劳模本科班学员，他们将在这里进行为期四年的脱产学习。

  1996年，全国总工会组织部"免除劳模班入学考试"的申请获得教育部批复。自此，凡符合入学条件的全国劳模、全国五一劳动奖章获得者，由省（区、市）工会推荐，全国总工会组织部审定，报教育部批准后，可免试进入中国工运学院劳模本科班学习。

  1993年，胡建明第一次走进了人民大会堂。这年的金秋十月，劳模班学员幸运地参与了一项重要工作——为中国工会第十二次全国代表大会服务。

  1996年，胡建明大学毕业了。"离开校门的那一刻，不是学习生涯的结束，而是一个崭新的开始。"带着班主任的这句临别赠言，怀揣中组部《关于确认中国工运学院劳模本科班毕业生干部身份问题的批复》，胡建明踏上了回家的列车。

2002年4月,胡建明在湖南省创办首家工会女职工周末学校,2010年被全国总工会授予全国女职工培训示范学校;2003年,建立株洲市总工会职工维权帮扶中心,消除帮扶盲点;2012年,成立首家劳模技术创新工作室,建立"株洲工匠"人才库,设立职工科技创新进步奖。

2018年10月25日晚,中国劳动关系学院安排了一次特殊的"课外辅导"——2017级、2018级劳模本科班全体学员、教师、本科生、研究生及校友代表欢聚一堂,共话中国工会十七大。据统计,劳模班培养的607名学员中,有全国劳动模范234人,全国五一劳动奖章获得者210人,全国人大代表17人,全国党代表11人,还有9人获得"中华技能大奖"。

2018年,改革开放40年,劳模们的生活悄然发生着改变。

2020年11月24日,召开的全国劳动模范和先进工作者表彰大会共表彰2493名人选,其中全国劳动模范1689名、全国先进工作者804名;企业职工和其他劳动者1192人,占总人数的47.8%;农民500人,占20.1%;机关事业单位人员801人,占32.1%。与往届相比,2020年的表彰提高了一次性奖金标准,同时还重新设计了奖章。新设计的奖章,通径从55毫米扩大到60毫米,突显了劳动最光荣、劳动最崇高、劳动最伟大、劳动最美丽的理念,彰显了各行各业劳动模范和先进工作者的示范引领作用。

2021年5月1日,在"五一"国际劳动节到来之际,中共中央总书记、国家主席、中央军委主席习近平向全国广大劳动群众致以节日的祝贺和诚挚的慰问。他高度肯定广大劳动群众为党和国家事业发展作出的重要贡献,并希望广大劳动群众大力弘扬劳模精神、劳动精神、工匠精神,勤于创造、勇于奋斗,更好发挥主力军作用,满怀信心投身全面建设社会主义现代化国家、实现中华民族伟大复兴中国梦的伟大事业。

实践活动:评选班级里的劳动模范

活动目标:
(1)每个班级申报劳动模范候选名单;
(2)收集优秀劳动模范的典型事迹;
(3)小组讨论提交劳动模范名单;
(4)班级全体同学评选劳动模范一人。

活动内容:
(1)了解劳动模范的真正含义后,发掘班级内的劳动模范。
(2)劳动模范不只局限于劳动方面,还包含学习、科研或其他领域。
(3)收集班级内的劳动故事,进行学习资料的整理。
(4)小组讨论分享对劳动故事的学习感受,总结从劳动模范身上我们应学习和发扬哪些精神。
(5)从自己收集的班级劳动故事中选取一例,利用手机、平板电脑、电脑搜索相关扩展资料,在A4纸上画出思维导图,阐述其劳动内容、劳动价值和给予你的启发,后进行课堂分享。
(6)讨论时间:30分钟。
(7)小组构成:5~6人。

活动评价(表 2-1)：

表 2-1　评选班级劳动模范的资料活动评价表

序号	活动内容	分值	自评	互评	师评
1	学习材料准备的完成度	10			
2	课堂问题的参与度	10			
3	小组讨论的参与度	30			
4	成果汇总的参与度	30			
5	成果展现的程度	20			
	合计	100			

活动思考：

(1)你是否了解劳动模范所具有的优秀品质和他们的劳动事迹，知晓其具体内容、精神内核，并受到启发？

(2)在课堂活动时，你是否积极参与头脑风暴、成果设计和成果展现环节？

第二节 弘扬劳模精神,走好时代新征程

·学习目标·

1. 了解劳模精神的含义。
2. 学习劳模精神在新时代中国建设中发挥的作用。
3. 搜集劳模故事,学习劳模优秀的品质。

知识链接

知识点1:劳模精神的含义

劳模精神,是指"爱岗敬业、争创一流、艰苦奋斗、勇于创新、淡泊名利、甘于奉献"的劳动模范的精神。

劳动的内涵在更新,劳模的标准在"进阶",但"爱岗敬业、争创一流,艰苦奋斗、勇于创新,淡泊名利、甘于奉献"的劳模精神始终是不变的。

劳模精神是工人阶级先进性的集中体现,在中国革命、建设、改革的各个历史时期,我国工人阶级都具有走在前列、勇挑重担的光荣传统,我国工人运动都同党的中心任务紧密联系在一起。劳动模范作为工人阶级的优秀代表,是时代的引领者,在工作生活中发挥了先锋和排头兵作用。

劳模精神作为劳动模范的思想内核、行动指南和精神灯塔,成为推动时代前进的强大精神动力,充分体现了工人阶级的先进性和主体地位,彰显了工人阶级的伟大品格,推动了工人阶级的成长进步。

知识点2:劳模精神的时代意义

1. 劳模精神是工人阶级主人翁意识的集中突显

主人翁意识是劳模精神的内在本质,是正确认识和理解劳模精神的关键词。正是因为自觉的、强烈的主人翁意识,劳模才以车间为家、以厂为家、以企为家、以国为家,才具有积极主动的岗位意识、职业意识、进取精神和创新精神。

2. 劳模精神是社会主义核心价值观的生动诠释

劳模精神的重要元素和构成因子,像岗位意识、职业精神、进取精神、拼搏精神、创新精神、家国情怀和奉献精神等,是对社会主义核心价值观的生动诠释和现实呈现。

3. 劳模精神是社会主义核心价值观的具象化、人格化和现实化

一方面,劳模是遵循社会主义核心价值观的典范样本,另一方面,劳模之所以能够生成

劳模精神,能够成为全社会学习的典范,一个重要原因就在于其主动自觉地遵循并践行了社会主义核心价值观。

4. 劳模精神是时代精神的生动体现

劳模精神是引领时代新风的精神高地,生动体现了时代精神的精神实质、主要特征和重要内容。一方面,劳模精神具有鲜明的时代特征,是时代精神的生动体现。另一方面,作为一种文化精神,劳模精神不是一成不变的,而是实践的、创新的、鲜活的、生动的存在。

5. 劳模精神推动了时代精神的发展,丰富了时代精神的内涵

在劳模的创造性实践和不断探索中,激发出蕴含着自主性、首创性、先进性元素的劳模精神,呈现着社会进步的发展方向。劳模精神不断为时代精神注入新能量,突显并丰富时代精神的内涵。

6. 劳模精神是民族精神的重要组成部分

一方面,劳模精神是民族精神核心要素的集中体现。另一方面,劳模精神既体现了以爱国主义为核心的团结统一、爱好和平、勤劳勇敢、崇德尚礼、公而忘私的民族情怀,又体现了知行合一、自立自强的人生追求。

7. 劳模精神是民族精神创新发展的重要推动力量

劳模精神始终与时俱进,创新丰富了民族精神。一代又一代劳模,用自己的辛勤劳动、诚实劳动和创造性劳动,为民族精神注入新能量,不断丰富着民族精神的博大内涵。

8. 劳模精神是劳动精神的积极呈现

劳模精神继承并发展了中华民族传统优秀的劳动观念,树立并彰显了一种辛勤劳动、诚实劳动、创造性劳动的新理念,营造并弘扬了一种劳动光荣、技能宝贵、创造伟大的时代风尚。

9. 劳模精神是实现伟大复兴中国梦的宝贵精神财富

在全社会弘扬和践行劳模精神,营造尊重劳动、尊重知识、尊重人才、尊重创造的社会氛围,涵养以辛勤劳动为荣、以好逸恶劳为耻的社会风气,培育积极健康、开放包容的社会心态,才能够让"劳动光荣、创造伟大"成为时代强音。

知识拓展

全国五一劳动奖章

全国五一劳动奖章和全国五一劳动奖状,是中华全国总工会授予在中国特色社会主义建设中做出突出贡献的劳动者和企事业单位,机关团体的光荣称号,是中国工人阶级最高奖项之一。

五一劳动奖章是全国总工会为奖励在社会主义各项建设事业中做出突出贡献的职工而颁发的荣誉奖章。颁发范围包括工业交通、基本建设、农林水利、财贸金融、文化、教育、新闻、出版、政法、卫生、科研、体育、机关团体等各行各业的职工。一般由省、自治区、直辖市总工会和全国产业工会申报,经全国总工会审定批准。本奖章主要集中在"五一"劳动节期间颁发,平时也有少量颁发。(图2-4)

五一劳动奖章、奖状的推选过程中,坚持原则,严格把关,推荐的企事业单位和企事业负责人,要经过工商、税务、纪检、审计、安全等部门的审查。各地和各产业工会推荐上报的个人和集体,都在当地新闻媒体进行了公示,接受社会监督。

只要为国家的经济建设做出了贡献,都可以当选。只要企业有工会组织,无严重侵犯职工权利行为,不管是国有企业,还是非国有企业,评选标准都一样。五一劳动奖章、奖状评选作为一项对全国劳动者进行褒奖的活动,其评选对象理当是所有为国家和经济建设做出贡献的劳动者,其中也包括私营企业的劳动者。

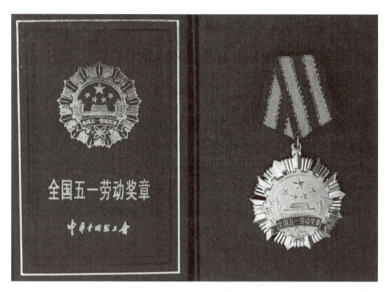

图 2-4　全国五一劳动奖章

 劳动故事

书法家王羲之的故事

王羲之(图 2-5),东晋时期著名书法家,有"书圣"之称。历任秘书郎、宁远将军、江州刺史,后为会稽内史,领右将军。其书法兼善隶、草、楷、行各体,精研体势,心摹手追,广采众长,备精诸体,冶于一炉,摆脱了汉魏笔风,自成一家,影响深远。

1. 王羲之吃墨的故事

王羲之小的时候,练字十分刻苦。据说他练字用坏的毛笔,堆在一起成了一座小山,人们叫它"笔山"。他家的旁边有一个小水池,他常在这水池里洗毛笔和砚台,后来小水池的水都变黑了,人们就把这个小水池叫作"墨池",也称洗砚池。长大以后,王羲之的字写得相当好了,还是坚持每天练字。

有一天,他聚精会神地在书房练字,连吃饭都忘了。丫鬟送来了他最爱吃的蒜泥和馍馍,催着他吃,他好像没有听见一样还是埋头写字。丫鬟没有办法,只好去告诉他的夫人。夫人和丫鬟来到书房的时候,看见王羲之正拿着一个沾满墨汁的馍馍往嘴里送,弄得满嘴乌黑。她们忍不住笑出了声。

原来,王羲之边吃边练字,眼睛还看着字的时候,错把墨汁当成蒜泥蘸了。夫人心疼地对王羲之说:"你要保重身体呀!你的字写得很好了,为什么还要这样苦练呢?"王羲之抬起头,回答说:"我的字虽然写得不错,可那都是学习前人的写法。我要有自己的写法,自成一体,那就非下苦功夫不可。"

经过一段时间的艰苦摸索,王羲之终于写出了一种妍美流利的新字体。大家都称赞他写的字像彩云那样轻松自如,像飞龙那样雄健有力,他也被公认为我国历史上杰出的书法家之一。

2. 王羲之练书法的故事

王羲之出生在一个官僚家庭。父亲王旷为淮南太守,叔父王导为司徒,伯父王敦为扬州刺史,叔祖父王澄为荆州刺史。他父亲这一辈人都是当时著名的书法家,所以他有很好的学习条件。

王羲之小时候少言寡语,谁也看不出他有什么与众不同的地方。但他热爱学习,喜欢钻研,遇事机智有心计。他7岁开始临池学书,到10岁时,字写得已很有水平,他的叔叔伯伯都十分喜欢他。

王羲之到了11岁,很想学一点关于书法方面的理论著作,用来指导自己。有一天,他在父亲王旷的枕头里发现了一本叫作《笔谈》的书,讲的都是有关写字的方法。他高兴得如获至宝,便如醉如痴地学起来。正当他兴趣正浓时,被父亲发现了,问他:"为什么偷读我枕中秘本?"王羲之只是望着父亲傻笑。母亲从旁插话道:"他恐怕是在揣摩用笔的方法吧!"父亲说:"你现在年龄太小,等长大了,我自然会教你。"

王羲之急不可待,不高兴地说:"如果等我长大了才讲究笔法,那不成了日暮之学,青春年华不就白白浪费了吗?"王旷十分惊奇儿子的这番议论,认为儿子少有大志,应该从小好好培养,于是便将《笔谈》的内容认认真真向王羲之作了讲解。羲之有了扎实的临摹功夫,又有了《笔谈》的理论指导,几个月的时间,书法便上升到一个新的水平。以后,他又拜当时的女书法家卫夫人为老师,在卫夫人的悉心指导之下,练习书法,有了更长足的进步。王羲之跟卫夫人学了一个时期,书法已十分圆转成熟。连卫夫人也不得不惊叹:"青出于蓝而胜于蓝,这孩子将来一定会超过我的!"

王羲之的书法之所以取得这样的成就,同他转益多师,刻苦磨砺分不开。

图 2-5　书法家王羲之

劳动故事

最美奋斗者——黄文秀

黄文秀,女,壮族,中共党员,1989年4月出生,广西田阳人,硕士学历,生前系百色市委宣传部理论科副科长,派驻乐业县新化镇百坭村第一书记。她于北京师范大学毕业后主动回到百色革命老区工作,2018年初主动请缨到百坭村任第一书记,工作表现突出。2019年6月16日晚,黄文秀冒着暴雨开车返回工作岗位,途中遭遇山洪,不幸因公牺牲,年仅30岁。(图2-6)

图2-6 劳动模范黄文秀

习近平总书记对黄文秀同志先进事迹作出重要指示,强调黄文秀同志研究生毕业后,放弃大城市的工作机会,毅然回到家乡,在脱贫攻坚第一线倾情投入、奉献自我,用美好青春诠释了共产党人的初心使命,谱写了新时代的青春之歌。广大党员干部和青年同志要以黄文秀同志为榜样,不忘初心,牢记使命,勇于担当,甘于奉献,在新时代的长征路上做出新的更大贡献。

黄文秀出生于百色革命老区的偏远乡村——田阳县巴别乡,从小目睹了乡亲们与贫困作斗争的情形,深切感受农村贫困人口生活的不易,深深懂得扶贫工作的重要意义和艰巨性,也点燃了她对扶贫事业的热爱和执着之心。工作三年来,她兢兢业业,勤勤恳恳,取得了显著的成绩,得到同事、群众的肯定。

1. 不忘初心，誓为革命老区献青春

加入中国共产党，为人民服务是黄文秀长期以来的初心和追求。本科期间，她就积极向党组织靠拢。2011年通过组织考察后，黄文秀在22岁时就加入中国共产党。2016年毕业后，她作为优秀定向选调生原本可以留在南宁市工作，因为想学成之后回报家乡的养育之恩，她毅然选择回到百色为老区建设作贡献。她一参加工作很快就上手，得到了领导同事们的认可。作为业务骨干的她因此被安排到单位办公室从事上传下达的重要工作。办公室工作期间，她工作细致认真，严谨求实，圆满完成了学生到国家行政人员角色的转换。因工作出色，她被组织安排于2017年9月到田阳县那满镇挂任镇党委副书记。这期间她开始融入基层，虚心向老同志求教，其负责的2018年露美村"乡风兴 农村美"迎新春文艺活动，选入广西电视台新闻报道的特写镜头之一。

2. 满腔热血，带领百坭村脱贫出列

2018年3月，黄文秀主动请缨到百坭村任党组织第一书记。作为第一书记，她始终心系群众，关爱帮助贫困群众和弱势群体，想方设法让他们早日脱贫致富，让他们也能享受党和政府的关怀和温暖。担任第一书记后，她放弃双休日，用了不到1个月的时间，基本掌握全村概况和致贫原因。黄文秀组织村"两委"干部，通过外出考察学习、请技术专家到现场指导、挨家挨户宣传发动、党员带头示范种植等方式，带领群众摸索适合本村发展的产业——种植砂糖橘、八角、杉木等，推动整村脱贫出列。她到任之时，百坭村的贫困发生率为22.88%，经过一年努力，2018年百坭村顺利脱贫88户418人，贫困发生率降至2.71%。此外，黄文秀还积极组织开展各类活动，不断丰富群众业余文化生活，完善"一约四会"规章制度。通过开展全村道德模范人物评选和文明家庭评选活动，重点树立"尊老爱幼"道德典范，调动了村民参与村务活动的积极性，百坭村获得了全市"乡风文明"红旗村的荣誉称号。

3. 勤俭节约，把群众的家当作自己的家

黄文秀生活上十分简朴，不讲究吃穿，在百坭村担任第一书记一年多，大家对她的印象大都是勤俭节约，平易近人。她对自己要求很严格、很节约，但每当村里的群众有困难需要她在经济上援助时，她又非常大方。她经常自掏腰包慰问村里的孤寡老人和留守儿童，在生活上对他们嘘寒问暖。她还帮助考上大学的贫困生争取各项补助，让村里多年苦读的寒门学子得到完成学业的机会。在听到她遇难的消息时，很多曾受她照顾的老人和孩子都接受不了这个现实，难过得痛哭流涕，泣不成声，说永远失去了一位好女儿，一位好姐妹，一位真正把她们当亲人的外乡人。

4. 舍身忘我，把一切奉献给党的事业

她不忘初心，牢记使命，始终都把党的事业看得比什么都重要。在市委宣传部工作时，她兢兢业业、任劳任怨，经常加班加点，"5+2、白加黑"，从不因为节假日或周末而放松工作要求，把工作高质量地完成好。在村里担任第一书记时，她时刻惦记着贫困群众的前途发展，含小家为大家，真正做到了忘我工作，家人患病住院她没能时时在身边照顾，村里大小事务却总能找到她坚毅的身影。她没能把自己的家人照顾好，却把村里的贫困群众照顾得非常周到。她没能和自己的父亲过好父亲节，连夜赶回百坭村组织干部群众开展防汛救灾工作，顾不得风雨交加，在返回百坭村的路上不幸牺牲。

黄文秀同志用生命践行了要帮助贫苦群众脱贫的理想抱负。她为家乡的扶贫事业奉献了自己的一切。正如黄文秀同志的父亲所说："我为有这样的女儿感到欣慰，她为党的工作而牺牲，是党培养了她，她为党的事业作出贡献，我为她骄傲。"

实践活动:检索劳动模范在新时代中国建设中的事迹

活动目标:
(1)了解劳动模范在新时代中国建设中的典型事迹;
(2)收集优秀劳动模范的故事进行分享;
(3)小组讨论并分享感受。

活动内容:
(1)了解劳动模范在新时代中国建设中所起到的作用。
(2)你对习主席提出的中国梦了解多少?你知道新时代的中国建设需要哪些劳动人才?你是否知道哪些劳动模范在为中国梦的实现而努力?
(3)收集并阅读劳动模范的故事,进行学习资料的整理。
(4)小组讨论对劳动模范故事的学习感受,感知劳动模范精神的作用,从自己收集的劳模故事中选取一例,利用手机、平板电脑、电脑搜索相关扩展资料,在 A4 纸上画出思维导图,阐述其劳动内容、劳动价值和给予你的启发,后进行课堂分享。
(5)讨论时间:30 分钟。
(6)小组构成:5~6 人。

活动评价(表 2-2):

表 2-2 检索劳动模范在新时代中国建设中的事迹活动评价表

序号	活动内容	分值	自评	互评	师评
1	学习材料准备的完成度	10			
2	课堂问题的参与度	10			
3	小组讨论的参与度	30			
4	成果汇总的参与度	30			
5	成果展现的程度	20			
	合计	100			

活动思考:
(1)你是否知晓什么是劳模精神,它在新时代建设中发挥着怎样的作用?
(2)在课堂活动时,你是否积极参与头脑风暴、成果设计和成果展现环节?

第三节　践行劳模精神,新蓝图的绘制者

1. 掌握践行劳模精神的方法。
2. 了解践行劳模精神的意义。
3. 搜集劳模故事,学习劳模优秀的品质。

 知识链接

弘扬劳模精神,争做时代楷模。每个人不一定都成为劳模,但人人都能学习和践行劳模精神。

知识点:践行劳模精神的方法

每一个行业都会有杰出的榜样,他们爱岗敬业,成了我们每一个劳动工作者的模范。这些劳动模范成为推动社会前进的动力,他们引领着无数人战胜困难,开拓进取,开辟出新天地。如何践行劳模精神,包含以下几点:

第一,树立坚定的理想信念。不同的行业都会有它的劳动模范,即使工作岗位非常平凡,但劳模们依旧能用他们的力量创造出不凡的业绩。他们心系祖国,有着为人民群众服务的坚定信念。我们也要向他们学习,树立远大的志向,要尽自己所能为社会的进步做出努力。

第二,学习劳模的创新精神。不管从事什么样的工作,我们都不能一味地守旧。社会在不断进步,我们的思想也要与时俱进。在平时的工作中,我们不能只是任务式地完成工作,要学会思考,不断地总结工作经验,在积累工作经验的同时,也要大胆革新,不断探索,寻找出一种更高效、质量更优的工作方式。

第三,学习劳模艰苦奋斗的精神。通过分析一个个劳模的事迹,我们可以得知他们能够拥有如今的成就,是他们实干出来的。工作不能马马虎虎,要脚踏实地,精益求精,不断奋斗。

践行劳模精神,当然不是只喊口号,做表面文章,我们应把劳模精神落实到学习和今后的工作中,让劳模精神成为我们学习和工作上的指路明灯。作为未来的新时代建设者,我们不仅要崇尚劳模、学习劳模,更要争当劳模,以一种甘为孺子牛的心态去服务社会。

> 劳动故事

榜样的力量——走近徐工毕可顺

一线工人享受国务院特殊津贴——徐工集团毕可顺成为徐州市首位获此殊荣的普通工人。

毕可顺，徐工集团高级技师，全国"五一劳动奖章"获得者，全国职工创新能手……在40年的一线岗位上，他用一种不服输的精神给了自己不一样的人生，向我们展示了新一代劳模的风采。（图2-7）

图2-7　劳动模范毕可顺

1969年，毕可顺初中毕业进了工程厂，成为一名学徒工。他在机床前向有经验的老师傅虚心求教，没日没夜地摸索着技术上的难题，很快成了车间里的"能人"。从1983年开始，他自学了"机电数学""电子学""机械制图"等课程，通过专业考核，获得电工技师证书；他靠自学、自练掌握的机电理论知识和机电操作、维修技能，已是一个高级工程师也难以达到的高度。多年来，他自学的笔记已有一万多张纸，"喝"干了一千多瓶墨水。

说起今天所取得的成就，毕可顺没有什么华丽的辞藻，"爱琢磨、好奇心强"，朴实的语言道出了他的成功法则。毕可顺说："我喜欢挑战，喜欢设备维修，维修时遇到的问题越多越觉得刺激。""有难题找老毕"已成为工友们的一句口头禅。从1995年至今,加工中心设备的保养和维修没有再请过一个外国专家,仅此一项为企业带来的效益是无法用金钱来衡量的。

毕可顺进厂近40年,实现了年年有创新。在他的带动下,加工中心的学习氛围更浓了,一批优秀的青年技能型人才成长了起来,已有3人取得电工技师资格证书,42人取得中、高级职业资格证书。

毕可顺的学习与实际联系得很密切,他用学来的知识解决了大量实际问题。有一次,一批时间紧、要求高的参展产品转到加工中心,恰巧一台关键设备的电器出现了故障,加工中心不能正常运转,设备如果晚修一天,企业将损失一百多万元!刚巧一位外国专家正在厂里,他来到现场,把说明书翻了一遍又一遍,面对复杂的电器也无从下手,连连摇头。心急如焚的毕可顺果断做出决定——拆机!两个小时后,故障点终于找到了。凭着自己多年的经验,他拆掉一台故障设备的电器,按照电路图重新进行了布线,设备很快正常运转。

进入工厂近40年,毕可顺没有完整休过一个假期。他认为,干自己喜欢的事,就不会觉得苦。他对企业的热爱已深深地植入血脉,认为在工作中获得的成就和快乐是任何物质都不能替代的。

在行内小有名气,让毕可顺会不时地接到外面传递来的信息:如果他愿意去某某企业任职,便给他几十万元的年薪。几十万元,对一个普通的家庭来说,诱惑是极大的,朋友们也劝他辞去厂里的工作,接受新职,但被他断然拒绝了。

说到以后的打算,毕可顺淡然一笑:"现在自己是越干越没底,随着新兴事物不断出现,自己的知识日益缺乏,希望能通过不断学习,扩充自己的知识。我最大的愿望就是继续把机器修好,边干边学,多关心新技术的发展。"

实践活动:践行劳模精神座谈

活动目标:

(1)邀请近年来优秀毕业生代表来校座谈,实际了解他们在社会工作中是如何践行劳模精神的。

(2)小组讨论,分享感受。

(3)认真听取优秀毕业生的就业或创业故事,形成自己对践行劳模精神的理解。

(4)感悟不同时代劳模精神的力量,懂得榜样的力量,践行新时代劳模精神。

活动内容:

(1)邀请近几年来院校的优秀毕业生座谈,听他们讲述自己的成长经历和心路历程,并进行分析总结,感悟不同时代所需要的劳模精神。

(2)小组讨论对本节劳动故事的学习感受,并和组员分享,利用手机、平板电脑、电脑搜索相关扩展资料,在A4纸上画出思维导图,阐述小组成员的学习感悟,后进行课堂分享。

(3)讨论时间:30分钟。

(4)小组构成:5~6人。

活动评价(表 2-3):

表 2-3 践行劳模精神座谈活动评价表

序号	活动内容	分值	自评	互评	师评
1	学习材料准备的完成度	10			
2	课堂问题的参与度	10			
3	小组讨论的参与度	30			
4	成果汇总的参与度	30			
5	成果展现的程度	20			
	合计	100			

活动思考:

(1)你是否了解劳模精神?该怎样将其应用到我们的学习和就业中?你身边是否有值得学习的劳动模范?

(2)在课堂活动中,你是否积极参与头脑风暴、成果设计和成果展现环节?

第三章 实干兴邦，匠心筑梦

第一节 理解工匠精神

学习目标

1. 深入理解工匠精神。
2. 理解工匠精神在其他领域的含义。
3. 搜集工匠故事，学习工匠优秀的品质。

 知识链接

工匠是产业发展的重要力量，工匠精神是创新创业重要的精神源泉。习近平总书记指出，要努力培养更多高素质技术技能人才、能工巧匠、大国工匠，为全面建设社会主义现代化国家提供有力人才保障。"执着专注、精益求精、一丝不苟、追求卓越"，有着深厚历史沉淀的工匠精神正激励着中华儿女在新征程上创造新的辉煌。

 知识点：工匠精神的发展

曾经，工匠是一个中国老百姓日常生活须臾不可离的职业，木匠、铜匠、铁匠、石匠、篾匠等，各类手工匠人用他们精湛的技艺为传统生活景图定下底色。随着农耕时代结束，社会进入后工业时代，一些与现代生活不相适应的老手艺、老工匠逐渐淡出日常生活，但工匠精神永不过时。

中国制造，经过改革开放以来多年的发展，从小到大；现在又走到了一个新的历史阶段，从低到高，即从低端制造业迈向高端制造业。在高端制造业方面，目前中国与西方发达国家还存在一定差距。弘扬"工匠精神"，则是推动中国高端制造业全面发展的重大举措。

工匠精神不仅存在于制造业，也存在于服务业。不仅物质生产领域需要工匠精神，精神生产领域也同样需要工匠精神。

1. 工匠精神在农业生产中

工匠精神是工业经济时代的一种产物，它是一种精致化生产的要求，对农业生产同样适用。从农业生产的角度来讲，实际上就是从源头保证食品安全，从种植开始，原料、化肥、土地等要保证安全,还有就是它的品质和质量,这里也需要工匠精神。

2. 工匠精神在企业发展中

工匠精神就是要求企业如同一个工匠一样,琢磨自己的产品,精益求精,经得起市场的考验和推敲。工匠精神的核心是企业要追求科技创新、技术进步。如果说企业是国家的经济命脉所在,那么一个以科技创新、技术进步为主体的企业,就是民族振兴的动力源泉,是国家财富增加的源泉所在。

> **劳动故事**

中国核潜艇之父——黄旭华

黄旭华,1924年2月24日出生于广东省海丰县,核动力潜艇专家,中国工程院院士,共和国勋章和国家最高科学技术奖获得者。(图3-1)

图3-1 中国核潜艇之父——黄旭华

黄旭华曾任中国船舶重工集团719所所长,1945年就读于国立交通大学造船系,1954年到上海船舶工业管理局工作,1958年到北京从事绝密工作,1961年被任命为国防部第七研究院○九研究室副总工程师,1983年被任命为第一代核潜艇总设计师。

黄旭华毕生致力于中国核潜艇事业的开拓与发展。1958年,我国批准核潜艇工程立项,1959年,苏联提出中断对中国若干重要项目的援助。黄旭华在没有现成图纸和模型的情况下,带领大家一边设计、一边施工,决心"头拱地、脚朝天,也要把核潜艇搞出来",没有计算机来计算核心数据,就用算盘和计算尺。为了控制核潜艇的总重和稳定性,就用磅秤来称。用最"土"的办法解决了尖端的技术问题,同时用创新的思维攻克关键技术。

在黄旭华团队不懈努力下,1970年12月26日,中国第一艘攻击型核潜艇顺利下水。1974年8月1日,中国第一艘核潜艇被正式列入海军战斗序列。

1981年4月,我国第一艘弹道导弹核潜艇成功下水,并列装海军战斗序列。自此,中国成为继美、苏、英、法之后世界上第五个拥有核潜艇的国家。

深海,潜伏着中国核潜艇,也深藏着"核潜艇人"的功与名。黄旭华为国家利益隐姓埋名、默默工作,60多年来潜心技术攻关,为核潜艇研制和跨越式发展作出了巨大贡献。黄旭华说:"从1958年开始到现在,我没有离开过核潜艇研制领域,我的一生没有虚度。"

由于严格的保密制度,长期以来,黄旭华不能向亲友透露自己是干什么的,从1958年至

1986年,黄旭华没有回过一次老家探望双亲。30年来,他的8个兄弟姐妹不知道他在搞核潜艇,父亲临终时也不知这个儿子在干什么,母亲从60来岁盼到93岁才见到儿子一面。黄旭华隐姓埋名30载,默默无闻、寂然无名,六十多年如一日为中国核潜艇事业倾心竭力奉献,甘做隐姓埋名人。黄旭华的"深潜人生",正是中国科学家们科研报国、无私奉献的生动体现。

黄旭华1994年当选为中国工程院院士,2014年当选"2013年度感动中国十大人物",2019年获颁"共和国勋章";2020年获颁2019年度国家最高科学技术奖。

实践活动:探索近现代工匠精神的代表人物和事迹

活动目标:

(1)中华文化源远流长,新中国成立后涌现出很多的科研型匠人,他们在各自的领域发光发热,给我们留下了很多宝贵的财富。

(2)探索近现代匠人们的成就和事迹。

(3)认真分析,并交流分享感受。

(4)通过匠人的故事深入理解工匠精神。

活动内容:

(1)通过在图书馆或互联网上查找资料,搜集5位近现代匠人的事迹,并进行分析总结,感悟不同时代的工匠精神。

(2)小组讨论对本节劳动故事的学习感受,并和组员分享,利用手机、平板电脑、电脑搜索相关扩展资料,在A4纸上画出思维导图,阐述小组成员的学习感悟,后进行课堂分享。

(3)讨论时间:30分钟。

(4)小组构成:5~6人。

活动评价(表3-1):

表3-1 探索近现代工匠精神的代表人物和事迹活动评价表

序号	活动内容	分值	自评	互评	师评
1	学习材料准备的完成度	10			
2	课堂问题的参与度	10			
3	小组讨论的参与度	30			
4	成果汇总的参与度	30			
5	成果展现的程度	20			
	合计	100			

活动思考:

(1)你是否了解工匠精神?工匠精神存在于哪些领域?

(2)在课堂活动中,你是否积极参与头脑风暴、成果设计和成果展现环节?

第二节　领悟工匠精神

学习目标

1. 领悟工匠精神的含义。
2. 了解工匠精神的内涵。
3. 搜集古代工匠精神的故事,学习工匠优秀的品质。

知识链接

西方的工匠精神起源于中世纪的行会制度,而中国的工匠精神来源于农耕文明时期的四大发明和庖丁、鲁班等优秀工匠文化的传承。从传统意义上讲,一谈到工匠精神,人们自然会想到德国、日本等高端制造业国家对产品的精雕细琢、对制造的精益求精,工匠精神主要体现在产品制造过程中。而从现代意义上讲,随着平等、开放、协同、共享的互联网精神的深入,实现了企业内的去中心化、企业间的无边界化、产业内的网络生态及行业间的互联互通。工匠精神,在产业内从制造环节向前、向后延伸至研发、制造、营销、物流、服务的每一环节都要求精准;在产业间从制造业延展至商业、金融业、服务业乃至社会的各行各业也都要求精准。

知识点1:工匠精神的含义

工匠精神,是一种职业精神,它是职业道德、职业能力、职业品质的体现,是从业者的一种职业价值取向和行为表现。"工匠精神"的基本内涵包括敬业、精益、专注、创新等方面的内容。

工匠们喜欢不断雕琢自己的产品,不断改善自己的工艺,享受产品在双手中升华的过程。工匠们对细节有很高要求,追求完美和极致,对精品有着执着的坚持和追求,把品质从0提高到1,其利虽微,却长久造福于世。

工匠精神是社会文明进步的重要尺度,是中国制造前行的精神源泉,是企业竞争发展的品牌资本,是员工个人成长的道德指引。"工匠精神"就是追求卓越的创造精神、精益求精的品质精神、用户至上的服务精神。

知识点2：工匠精神的内涵（表3-2）

表3-2 工匠精神的内涵

精神	内涵
敬业	敬业是从业者基于对职业的敬畏和热爱而产生的一种全身心投入的认认真真、尽职尽责的职业精神状态。中华民族历来有"敬业乐群""忠于职守"的传统，敬业是中国人的传统美德，也是当今社会主义核心价值观的基本要求之一。早在春秋时期，孔子就主张人在一生中始终要"执事敬""事思敬""修己以敬"。"执事敬"，是指行事要严肃认真不急慢；"事思敬"，是指临事要专心致志不懈怠；"修己以敬"，是指加强自身修养保持恭敬谦逊的态度
精益	精益就是精益求精，是从业者对每件产品、每道工序都凝神聚力、精益求精、追求极致的职业品质。所谓精益求精，是指已经做得很好了，还要求做得更好，"即使做一颗螺丝钉也要做到最好"。正如老子所说，"天下大事，必作于细"。能基业长青的企业，无不是精益求精才获得成功的
专注	专注就是内心笃定而着眼于细节的耐心、执着、坚持的精神，这是一切"大国工匠"所必须具备的精神特质。从中外实践经验来看，工匠精神都意味着一种执着，即一种几十年如一日的坚持与韧性。"术业有专攻"，一旦选定行业，就一门心思扎根下去，心无旁骛，在一个细分产品上不断积累优势，在各自领域成为"领头羊"。在中国早就有"艺痴者技必良"的说法，如《庄子》中记载的游刃有余的"庖丁解牛"、《核舟记》中记载的奇巧人王叔远等
创新	"工匠精神"还包括追求突破、追求革新的创新内蕴。古往今来，热衷于创新和发明的工匠们一直是世界科技进步的重要推动力量。新中国成立初期，我国涌现出一大批优秀的工匠，如倪志福、郝建秀等，他们为社会主义建设事业做出了突出贡献。改革开放以来，"汉字激光照排系统之父"王选、"中国第一、全球第二的充电电池制造商"王传福、从事高铁研制生产的铁路工人和从事特高压、智能电网研究运行的电力工人等都是"工匠精神"的优秀传承者，他们让中国创新重新影响了世界

劳动故事

中国建筑鼻祖、木匠鼻祖——鲁班

鲁班，姬姓，公输氏，名般。春秋时期鲁国人。"般"和"班"同音，古时通用，故人们常称他为鲁班。大约生于周敬王十三年（公元前507年），卒于周贞定王二十五年（公元前444年），生活在春秋末期到战国初期，出身于世代工匠的家庭，从小就跟随家里人参加过许多土木建筑工程劳动，逐渐掌握了生产劳动的技能，积累了丰富的实践经验。鲁班的名字实

际上已经成为古代劳动人民智慧的象征。(图3-2)

大约在公元前450年以后,鲁班从鲁国来到楚国,帮助楚国制造兵器。他曾创制云梯,准备攻宋国,墨子不远千里,从鲁行十日十夜至楚国都城郢,与鲁班和楚王相互辩难,说服楚王停止攻宋。

木工师傅们用的手工工具,如钻子、刨子、铲子、曲尺、锯子(图3-3),画线用的墨斗,据说都是鲁班发明的。而每一件工具的发明,都是鲁班在生产实践中得到启发,经过反复研究、试验出来的。这些木工工具的发明使当时工匠们从原始繁重的劳动中解放出来,劳动效率成倍提高,土木工艺出现了崭新的面貌。后来人们为了纪念这位名师巨匠,把他尊为中国土木工匠的始祖。

图 3-2　鲁班

图 3-3　鲁班发明的锯子

俗话"有眼不识泰山"中的泰山可不是山东的那个泰山,这里还有一段小故事。

木匠的祖师爷是鲁班,手艺巧夺天工,非常高明。传说他曾用木头做成飞鸟,在天上飞三天三夜都不下来。可就是这样一位高人,也有看走眼的时候。鲁班招了很多徒弟,为了维护班门的声誉,他定期会考察淘汰一些人,其中有个叫泰山的,看上去笨笨的,来了一段时间,手艺也没有什么长进,于是鲁班将他扫地出门。几年以后,鲁班在街上闲逛,忽然发现许多做工精良的家具,做得惟妙惟肖,很受人们欢迎。鲁班心想这人是谁啊,这么厉害,有人在一旁告诉他:"就是你的徒弟泰山啊。"鲁班不由感慨地说:"我真是有眼不识泰山啊!"

鲁班奖的全称为"建筑工程鲁班奖"。建筑工程鲁班奖是1987年由中国建筑业联合会设立的。该奖是行业性荣誉奖,属于民间性质。当时每年数额为20个,有严格的评选办法和申报、评审程序,并有严格的评审纪律。评审工作由评审委员会进行。评审委员会由21人组成,评审委员必须是具有高级技术职称、熟悉工程专业技术并担任过一定专业技术职务的专家。1996年7月,根据建设部的决定,将1981年政府设立并组织实施的国家优质工程奖与建筑工程鲁班奖合并,奖名定为中国建筑工程鲁班奖(国家优质工程)。每年评选一次,奖励数额为每年45个。2000年5月15日,中国建筑业协会发布了新的中国建筑工程鲁班奖（国优）评选办法，每年评选出鲁班奖工程80个。

 知识延伸

世界青年技能日

无论是对发达国家还是发展中国家而言，上升的青年失业率都是当今世界经济和社会发展面临的最重大问题之一。2016年，2.59亿青年被归类为"三无"青年，这一数字在2019年上升至约2.67亿。

2014年12月，联合国大会将每年的7月15日确定为"世界青年技能日"，旨在促进青年职业技能发展，为全球经济社会发展做出更大贡献。联合国大会设立"世界青年技能日"，其目标就是通过解决青年中大量存在的失业和就业不足问题，为他们创造更好的社会和经济条件。（图3-4）

图3-4　世界青年技能日宣传海报

实践活动:探索古代工匠精神的代表人物和事迹

活动目标:

(1)中华文化源远流长,我国古代也涌现出很多的匠人,他们在各自的领域发光发热,给我们留下了很多宝贵的财富。

(2)探索古代匠人们的伟大发明和对后世的影响。

(3)认真分析,并交流分享感受。

(4)通过匠人更好地了解工匠精神。

活动内容:

(1)通过在图书馆或互联网上查找资料,搜集5位古代匠人的事迹,并进行分析总结,感悟不同时代的工匠精神。

(2)小组讨论对本节劳动故事的学习感受,并和组员分享,利用手机、平板电脑、电脑搜索相关扩展资料,在A4纸上画出思维导图,阐述小组成员的学习感悟,后进行课堂分享。

(3)讨论时间:30分钟。

(4)小组构成:5~6人。

活动评价(表3-3):

表3-3 探索古代工匠精神的代表人物和事迹活动评价表

序号	活动内容	分值	自评	互评	师评
1	学习材料准备的完成度	10			
2	课堂问题的参与度	10			
3	小组讨论的参与度	30			
4	成果汇总的参与度	30			
5	成果展现的程度	20			
	合计	100			

活动思考:

(1)你是否了解工匠精神?工匠精神存在于哪些领域?

(2)在课堂活动中,你是否积极参与头脑风暴、成果设计和成果展现环节?

第三节　践行工匠精神

· 学习目标 ·

1. 了解践行工匠精神的方法。
2. 理解工匠精神在学习和工作中的意义。
3. 搜集工匠故事,学习工匠优秀的品质。

 知识链接

时代发展需要大国工匠,工匠精神历久弥坚。如今,我国已有超过1.7亿的技能人才奋战在各行各业,有力支撑着"中国制造""中国创造"不断阔步向前。

 知识点:践行工匠精神

践行"工匠精神",就要倾力专注、精益求精,把自己的时间、精力和智慧凝聚到所要干的事情上,从而最大限度地发挥积极性、主动性和创造性,努力实现自己的目标。绝不能满足于差不多、过得去,要坚持高标准、严要求,做好每项工作,办好每件事情,将各项工作做到极致、做出境界、做成精品。

(1)不断学习。践行工匠精神,必须不断学习。学习使人进步,学习使人前进,工匠精神是一种上进的精神,也是一种不屈不挠的奋斗精神,要想自己在职业上有所突破,就必须要不断学习,不断进步,在学习中前进,在前进中学习,让学习伴你终身,让学习帮你前进。

(2)热爱工作。践行工匠精神,必须要热爱工作。工匠一般都是行业的领军者,也是职业生涯中的佼佼者。作为职场人,必须要热爱工作和生活,因为只有好的工作才会帮助你进步,也只有好的工作才会帮助你前进,你喜欢这份工作,才会用心去奋斗,你热爱这份工作,才会努力前进。

(3)精益求精。践行工匠精神,必须要精益求精。作为一个职场人,要想在职场上混出名堂,或者在职场上有所作为,对任何工作都必须要精益求精,因为如果你做不到精益求精,你就无法在职场中做出成绩,也很难在职场上取得成功。

(4)满腔热情。践行工匠精神,必须要对职业有满腔热情。热情是一种精气神,对自己的工作,对自己的事业都没有热情了,也就不会想到要去奋斗,因为没有追求,所以无所求。

(5)严格自律。践行工匠精神,必须要严格自律。一个能严格自律的人,绝对是一个能力很强的人,因为能够管控自己的行为,也能够管好自己。在职场上,在生活中,总是会有很多的诱惑,在诱惑面前,你能否抵挡住这些诱惑,就全靠你的自制力,这种自制力就是自律能力,假如你不能自律,你的生活就会一塌糊涂,你的职场路也会走得很难。

(6)做好自我。践行工匠精神,必须要做好自我。什么是工匠,就是一个在集体中很出色的人,工匠精神,是一种主人翁精神,为了自己的工作,自己可以拼命地去做好自我,也会为了自己的工作,严格要求自我,无论自己的能力怎么样,只要能够做到问心无愧就好,这种状态就是最好的状态,这种方式也是最美好的方式。因为能够在职场上实现自我价值,也能彰显自我能力。

(7)与时俱进。践行工匠精神,必须要与时俱进。社会在变,人也在变,作为职场人要想不被职场淘汰,就必须要学会与时俱进,在前进中成长,在前进中奋进,在前进中实现人生价值,在前进中壮大自我。一个不懂得与时俱进的职场人,只会成为一个随波逐流的人,终将被职场淘汰。

 劳动故事

火箭"心脏"焊接人——高凤林

今年53岁的高凤林,是中国航天科技集团公司第一研究院211厂发动机车间班组长,35年来,他几乎都在做着同样一件事,即为火箭焊"心脏"——发动机喷管焊接。有的实验,需要在高温下持续操作,焊件表面温度达几百摄氏度,高凤林却咬牙坚持,双手被烤得鼓起一串串水泡。因为技艺高超,曾有人开出"高薪加两套北京住房"的诱人条件聘请他,高凤林却说,我们的成果打入太空,这种得到民族认可的满足感用金钱买不到。他用35年的坚守,诠释了一个航天匠人对理想信念的执着追求。(图3-5)

图3-5 火箭"心脏"焊接人——高凤林

 劳动故事

"蛟龙号"上的"两丝"钳工——顾秋亮

"蛟龙号"是中国首个大深度载人潜水器,有十几万个零部件,组装起来最大的难度就是密封性,精密度要求达到了"丝"级。而在中国载人潜水器的组装中,能实现这个精密度的只有钳工顾秋亮,也因为有着这样的绝活儿,顾秋亮被人称为"顾两丝"。43年来,他埋头苦干、踏实钻研、挑战极限,追求一辈子的信任。这种信念,让他赢得潜航员托付生命的信任,也见证了中国从海洋大国向海洋强国的迈进。(图3-6)

图3-6 "蛟龙号"上的"两丝"钳工——顾秋亮

劳动故事

在金属上进行雕刻艺术——胡胜

胡胜是一位车床加工工人,是全厂车工中对刀具最精通的人。(图3-7)为了国产预警机核心部件的生产,他使用数控机床必须将加工精度控制在4微米以内,这无疑是极大的挑战。

1微米有多长?它是1毫米的一千分之一,4微米仅是一根蜘蛛丝直径的三分之一。

这台数控机床,极限加工精度是10微米。2012年,胡胜必须用它做出精度为4微米的产品,这几乎是一项不可能完成的任务。

中国电子科技集团公司第十四研究所高级技工胡胜说道:"这是一个要超越自己的任务,非常有乐趣,如果成功了,会有非常大的成就感,所以我准备挑战一下自己。"这是国产预警机相控阵雷达的一个核心部件,无法进口,只能自主生产。胡胜外号"胡一刀",他是数控组中对刀具最精通的人。

面对4微米精度的挑战,胡胜反复对比、筛选,谨慎地从这些种类繁多的刀具中,精准地选出十二把。然后再根据每把刀的切削参数,通过编程设定不同的切削速度、深度和进给量。一切准备就绪,这台10微米精度的机床在胡胜的操作下能否突破设定极限呢?直径公差4微米,胡胜做到了。

按照试车成功获得的数据,胡胜准备大干一场,然而问题出现了,第二天下午,用同样的方法做出的产品,精度误差超过50%,完全成了废品。按照流程,胡胜重新检查了刀具、工序、机床温差系数、数控程序,全部符合预设标准。

一个蹊跷的误差,引发了胡胜强烈的好奇心。他现在想知道,究竟是什么原因导致了加工过程中的精度不稳定。午后的阳光透过窗户照进车间。胡胜突然意识到,加工过程中刀具切削工件时产生的在线温度,由于无法实时测量,很有可能是致命因素。

最难解决的,是没有办法进行在线温度的实测。你就不知道它的温度到底是多少,那么这个热胀冷缩的公式,也就带不进去,现场测出来的数据是有误差的。

现在,胡胜必须用恒温实验来验证自己的想法。在20℃的恒温实验室里,通过每半小时的反复定温测量,他要看看理论推算结果和实际温度变化带来的误差到底是多少。

通过一次次对零件的实测,胡胜找到了理论推算与实际操作之间微妙的数值关系。现在只要在加工过程中提前把余量加入程序中,就能解决这个问题。

最终,在原本只能加工10微米精度的机床上,胡胜做出的这批产品精度达到了3微米,超越了产品的工艺要求。

胡胜精心打造的金属件,为我国首部大型相控阵预警机雷达的稳定性和可靠性打下了坚实基础。苛刻的要求锤炼出过硬的专业技能,勇于探索的人,才能把不可能变为可能。

图3-7　在金属上进行雕刻艺术——胡胜

 实践活动:践行工匠精神,制作手工艺品

活动目标:

(1)学习工匠精神给了我们很大的启发,为了更好地践行工匠精神,以小组为单位动手制作船舰模型;

(2)绘制模型图纸,拟订制作计划,分工协作收集制作所需的材料;

(3)小组成员分工协作,共同完成。

活动内容:

(1)践行工匠精神,动手制作模型。

(2)模型材质不限,可以是塑料、木材或纸板等。

(3)将制作过程中遇到的问题和解决问题的方法整理并总结出来。

(4)小组讨论分享制作过程中的感受,感知工匠精神的作用,利用手机、平板电脑、电脑搜索相关扩展资料,在A4纸上画出思维导图,阐述其劳动内容、劳动价值和给予你的启发,后进行课堂分享。

(5)讨论时间:30分钟。

(6)小组构成:5~6人。

活动评价(表 3-4)：

表 3-4　践行工匠精神，制作手工艺品活动评价表

序号	活动内容	分值	自评	互评	师评
1	学习材料准备的完成度	10			
2	课堂问题的参与度	10			
3	小组讨论的参与度	30			
4	成果汇总的参与度	30			
5	成果展现的程度	20			
	合计	100			

活动思考：

(1)你是否已经懂得践行工匠精神的重要性，它在新时代建设中发挥着怎样的作用？

(2)在课堂活动中，你是否积极参与头脑风暴、成果设计和成果展现环节？

第二篇 生活全能

第四章 家务自理，自强自立

第一节 正衣冠

· 学习目标 ·

1. 领悟正衣冠的含义。
2. 了解服装搭配的常识。
3. 搜集古代服装搭配的典范，进行古今审美对比。

知识链接

我们穿的衣服要经过很多人的劳动才最终来到我们面前。了解其中的过程可以让我们更好地体会劳动中所蕴含的价值。服装搭配是指通过协调服装的款式、颜色，展现出搭配者的个人特色的行为。开动脑筋搭配出适合自己的衣服，既是对自己的形象负责，又是对每一位劳动者的劳动成果的尊重，让我们在"美"中感受幸福，一起了解"衣"内的非凡意义和动人之处吧！

知识点：正衣冠的含义

正衣冠指帽子戴正了，衣服扣子不要扣错了，鞋子穿好了，保持干净整洁。这对他人就是一种礼貌。正衣冠是外在形象，同时也寓意表里一致，提醒我们做人要正派。

实践活动：学习服装搭配，提高审美水平

活动目标：
(1) 了解衣服的来之不易，以及其中蕴藏的劳动。
(2) 提高自己的审美水平。
(3) 体会通过脑力劳动带来的穿衣搭配幸福感。
(4) 体会劳动创造幸福生活的情感，激发对美好生活的向往。

活动内容：

1. 了解古人关于"穿"的观点

人靠衣服马靠鞍，古人出门的时候很讲究着装，现代人也是如此，因为这不仅会展现出一个人的气质，还会体现出个人的文化内涵。

1）古人谈及的穿衣搭配

表 4-1 所示为部分古人关于穿衣搭配的观点。

表 4-1 部分古人关于穿衣搭配的观点

出处	观点
《论语》	君子不以绀緅饰，红紫不以为亵服。 当暑，袗絺绤，必表而出之
《离骚》	高余冠之岌岌兮，长余佩之陆离。 佩缤纷其繁饰兮，芳菲菲其弥章。 民生各有所乐兮，余独好修以为常
《孔雀东南飞》	鸡鸣外欲曙，新妇起严妆。著我绣夹裙，事事四五通。 足下蹑丝履，头上玳瑁光。腰若流纨素，耳著明月珰
《陌上桑》	罗敷喜蚕桑，采桑城南隅。青丝为笼系，桂枝为笼钩。 头上倭堕髻，耳中明月珠。缃绮为下裙，紫绮为上襦

2）穿衣搭配的意义

古人对穿衣有着不同的要求，穿衣是个性的表现，也是品德的外化。无论在古代还是在现代，衣冠整洁是最基本的形象礼仪。

2. 了解衣服的生产流程

可通过参观当地制衣厂或查阅资料，了解衣服生产的基本流程。

制衣流程主要包括面料及辅料进厂检验、裁剪、LOGO 制作、缝制、锁眼钉扣、整烫、成衣检验。衣服除了正常检验外，还需发往纤维检验所进行各项指标检测，检测合格方可包装入库、发货，最后到商业部门售出。

3. 上网查阅信息，了解服装搭配常识

1）搭配基本原则

①有图案的上衣不要搭配相同图案的衬衣和领带。

②条纹或者花纹的上衣需搭配素色的裤子。

③鞋子的颜色要与衣服的色彩相协调。

④穿内外两件套时，色彩最好属同色系或反差大的。

2）服装的色彩应与季节协调

①春天：以明快的色彩为主，如在黄色中掺杂一些粉红色、豆绿色或浅绿色等。

②夏天：以素色为基调，会给人以凉爽感，如蓝色、浅灰色、白色、绿色、淡粉红等。

③秋天：以中性色彩为主，如金黄色、翠绿色、米色等。

④冬天：以深沉的色彩为主，如黑色、藏青色、古铜色、深灰色等。

3）服色体型协调

①体型肥胖者：宜穿墨绿、深蓝、深黑等深色系列的服装，因为深色有收缩感。所穿衣

服的颜色不宜过多,一般不要超过三种。线条宜简洁,最好是细长的直条纹。

②体型瘦小者:宜穿红色、黄色、橙色等暖色调的衣服,因为暖色有膨胀的感觉。不宜穿深色或竖条图案的衣服,也不宜穿大红大绿等冷暖对比强烈的服装。

③体型健美者:夏天最适合穿各种浅色的、稍紧身的衣服,并缀以适量的饰物。

4)注意着装者身份

任何服装搭配都是为体现人的不同社会角色服务的,一定要特别注意符合不同的场景需求。中职生在校期间要注意学校在服饰及发型、鞋袜、包包等方面的要求,尽量不要有不必要的配饰,应符合学生自然、率真、朝气蓬勃的学子风采,体现中职生的专业素养和技能特色。(图4-1、图4-2)

图4-1 某公司工作服

图4-2 中职学生校服

4. 搭配服装,展示成果

自己或找同学做模特,试着搭配服装,做场服装搭配秀。

活动评价(表 4-2):

表 4-2　学习服装搭配,提高审美水平活动评价表

序号	活动内容	分值	自评	互评	师评
1	了解古人关于穿衣搭配的观点	30			
2	了解衣服的生产流程	30			
3	了解服装搭配常识	20			
4	服装搭配秀	20			
	合计	100			

活动思考:

(1)正衣冠除了有端正衣帽这层意思,还有什么引申的意思?

(2)你是否掌握了服装搭配的技巧?

第二节　调五味

▎学习目标▎

1. 领悟调五味的含义。
2. 学会制作一道家乡菜孝敬父母。
3. 搜集地方美食代表,感受我国饮食文化。

 ▎知识链接▎

人间烟火气,最抚凡人心。厨房是一个洋溢着幸福感的地方。在厨房里,"最好听的声音就是油锅爆炒时滋啦滋啦的响声",最亲切的呼唤是"快来吃饭",最踏实的感受就是打开冰箱发现"里面满满当当"……当我们越来越依赖餐馆和外卖来解决一日三餐的时候,其实我们的生活方式已经出问题了,健康的警钟自然就会响起,而家庭关系也因不做饭而越来越淡漠、疏远……爱,其实就是亲朋好友在一起,你择菜我煲汤,一起下厨,一起做很多好吃的。本次任务就是做道家常菜,锻炼自我动手能力,增强生活自理能力,培养自身实践能力和创新精神。

 知识点:调五味的含义

中国烹饪的核心理论是五味调和。

调味是指运用调味料,并采用烹饪技术手段,特别是加热的手段,调制出变化精微的适口的多种味道来。

五味调和的目的就是要烹饪出人们喜欢的佳肴美馔来,满足人对于味道的需要。

通过合理利用不同原料(荤素原料)的不同特性、质地及本味,运用得当的烹饪方法及调味方法,加工出具有独特口感、味感及质感的菜肴。

人们感受到的肴馔的滋味、气味,包括单纯的咸、甜、酸、苦、辣、鲜、香和千变万化的复合味,属于化学味觉。菜品的机械性(如软硬性、黏性、弹性、凝结性等)、几何特性(如粉状、粒状、块状、片状等)、触觉特性(如含水量、油性等)属于物理味觉。由人的年龄、健康、情绪、职业,以及进餐的环境、色彩、音响、光线和饮食习俗而形成的对菜品的感觉,属于心理味觉。

 知识延伸

"光盘行动"心得体会

习近平总书记曾对制止餐饮浪费行为作出重要指示:餐饮浪费现象触目惊心、令人痛心!他强调要坚决制止餐饮浪费行为,切实培养节约习惯,在全社会营造浪费可耻、节约为荣的氛围。

从国家开始倡导反对铺张浪费、实施"光盘行动"(图4-3)之后,中国的餐饮浪费现象减少了很多。但近年来,有的地区和不少酒店餐饮企业铺张浪费的现象再次抬头,造成了巨大的负面影响。有统计数据显示,中国人每年在餐桌上浪费的粮食价值高达2000亿元,我国消费者每年综合浪费食物的总量,相当于约2.5亿人口一年的粮食总需求量,这些数据令人心痛不已!尽管我国粮食生产连年丰收,但对粮食安全我们还是始终要有危机意识,尤其是全球新冠肺炎疫情的暴发更是给我们敲响了警钟。

图4-3 光盘行动宣传图片

一粥一饭,当思来处不易;半丝半缕,恒念物力维艰。我们每一个人都应该行动起来,拒绝"舌尖上的浪费",做"粮食守护者",将"光盘行动"进行到底。作为省属国有企业,烟台机场集团迅速响应号召,机务保障部也积极发出倡议行动,营造"光盘行动"、拒绝"剩饭"的浓厚氛围。机务保障部根据部门实际情况,将厉行节约与倡导健康努力工作生活方式有机结合,倡导员工取食有度,培养节约粮食的好习惯、传递勤俭节约的新风尚。

1. 适量点餐,摒弃陋习

拒绝浪费关键是要形成风气。抵制陈规陋习,倡导低碳环保,从党员做起、从干部做起。

2. 敬畏粮食,尊重劳动

食物浪费是折射社会问题的一面镜子。浪费饭菜是不尊重别人劳动成果的可耻行为。尊重他人的劳动成果不仅是对他人的尊重,更是自身文明素养的体现。

谁知盘中餐,粒粒皆辛苦。一粒米、一滴油,看起来不起眼,却事关个人温饱,事关国计民生。"光盘行动"关键在人人参与。要在全社会营造浪费可耻、节约为荣的氛围,人人互相监督,让"舌尖上的浪费"等不文明行为无处藏身,真正让"光盘行动"成为一种自觉行为,才能更加有效地保障国家粮食安全。

实践活动:做道拿手菜孝敬父母

活动目标:

(1)能在今后的生活中主动关注营养与健康常识。

(2)掌握一道家常菜的制作方法,独立烹饪一道家常菜。

(3)从烹饪中感受生活的美好,增强对生活的自信,体会家人做饭的辛劳。

活动内容:

(1)食材准备如表4-3所示。

表4-3 食材准备

主料			
西红柿	2个(约250 g)	鸡蛋	2个
辅料			
葱花	若干	白糖	1勺
盐	1勺	食用油	适量

(2)制作流程如图4-4所示。

(3)烹饪过程中的注意事项如下:

①清洁灶台,保持通风。在炉灶四周,请勿堆放杂物,如废纸、抹布或其他易燃物品。使用罐装液化气时,气罐与炉灶要保持1.5米开外的距离,不得在气罐周围堆放可燃物。

②煨、炖、煮各种食品时,应有人看管,汤不宜过满,在沸腾时应降低炉温或打开锅盖,以防外溢。

③油炸食品时,油不能放得过满,油锅搁置要平稳,人不能离开。油温达到适当温度时,应立即放入食品。

④油锅起火时,特别注意不可向锅内浇水灭火,可以直接用锅盖或湿抹布覆盖,甚至将切好的蔬菜倒入锅里也可以灭火。

第四章　家务自理，自强自立

图 4-4　西红柿炒鸡蛋制作流程图

⑤炉具使用完毕，立即熄灭火源，关闭气源，通风散热。
⑥厨房内危险物品较多，请勿让儿童进入厨房玩耍。

活动评价（表 4-4）：

表 4-4　做道拿手菜孝敬父母活动评价表

序号	活动内容	分值	自评	互评	师评
1	对家乡菜种类、烹饪方法等情况的掌握程度	20			
2	家庭厨房安全知识掌握程度	20			
3	实际烹饪能力	40			
4	制订节假日为父母下厨的计划	20			
	合计	100			

活动思考：

（1）分享你在烹饪过程中的成功经验或失败教训。

（2）谈谈你在烹饪、推广家乡菜过程中的故乡情结。

（3）谈谈父母吃过你做的拿手菜后的反应。

第三节 律起居

学习目标

1. 领悟律起居的含义。
2. 根据自身的实际情况合理规划起居时间。
3. 学会珍惜时间,规律生活。

 知识链接

世界上有一种东西,它最长又最短,最慢又最快,最平凡而又最宝贵。这就是时间。

"逝者如斯夫,不舍昼夜。"这是哲人的教诲。

"君不见,黄河之水天上来,奔流到海不复回。君不见,高堂明镜悲白发,朝如青丝暮成雪。"这是诗人的高歌。

作为学生,合理安排起居既是对时间的珍惜,也是为了自己的身体健康。

 知识点:律起居的含义

1. 起居有常

养成按时作息的习惯,使人体的生理功能保持在稳定平衡的良好状态中。周期性变化是宇宙中的普遍现象,从天体运行到人体生命活动,都有内在规律(或称节律)。现代医学已证实,人的生命活动都遵循着一定周期或节律而展开。如人的情绪、体力、智力等也都有一定的时间规律,人体的重要生命指标、生化指数、物理参数、代谢水平,乃至情绪的变化都按照一定的规律呈现出节律的变动,其中包括昼夜变化的日节律,以 28 日左右为周期的月节律,以及年节律等。人体存在着生物钟现象,其调控着人体的各种生理功能,甚至决定着人体的寿夭。因此,要培养规律的生活习惯,合理安排作息,每日定时睡眠、定时起床、定时用餐、定时工作学习、定时锻炼身体、定时排大便,并定期洗澡等。

2. 劳逸适度

劳逸应符合人体生理活动的规律,不可过劳,也不可过逸。适度活动,可使气机通利,脏腑功能正常。若劳累过度,则容易引起"劳伤",久视伤血、久卧伤气、久坐伤肉、久立伤骨、久行伤筋。正如孙思邈所说:"养性之道,常欲小劳。"

3. 环境愉悦

环境包括居住环境、居室结构、居室环境和气候等方面,良好的居住环境有益于身心健康。山青水绿,环境优美,宁静安和,空气清新,水质优良,草木茂盛,远离污染,当然有利于人体健康。

劳动教育

知识延伸

《朱子家训》(节选)

《朱子家训》又名《治家格言》，开篇就强调了劳动传承，读一读，说说你的体会。

1. 古文

黎明即起，洒扫庭除，要内外整洁。既昏便息，关锁门户，必亲自检点。一粥一饭，当思来处不易。半丝半缕，恒念物力维艰。宜未雨而绸缪，毋临渴而掘井。自奉必须俭约，宴客切勿流连。器具质而洁，瓦缶胜金玉。饮食约而精，园蔬胜珍馐。勿营华屋，勿谋良田。

2. 翻译

每天黎明的时候就要起床，要清扫院落，使厅堂内外整洁。到了太阳落山的时候就休息，把门窗都关好，一定要亲自检查一下。对于一碗粥或一顿饭，我们应当考虑它们是来之不易的。对于(衣服、布料上的)半丝、半缕线，一定要想着这些物资的产生是很困难的。最好未雨绸缪，不要到渴了的时候才想起来掘井。自己在生活上一定要勤俭节约，宴请宾客不要连续不断。如果用的器具干净整洁的话，即使是用瓦做的也比金玉为材料的要好；如果吃饭吃得少而精的话，即使是园里种的蔬菜也胜过山珍海味。不要盖奢华的房屋，不要谋取肥沃的田地。

注意：

朱柏庐(图 4-5)版本的《朱子家训》虽为国学经典篇目，但其中有一些内容讲述的是封建社会道德，与当代思想价值观不符，我们在阅读过程中要注意取其精华、去其糟粕。

图 4-5　明末清初教育家朱柏庐

实践活动:制定在校期间的起居时间表

活动目标:

(1)通过制定在校期间的起居时间表,可以合理地规划自己的作息时间。合理地安排起居时间既能养护身体,又能提高学习效率。

(2)认识到起居时间对身体健康以及学习、工作的重要性。

活动内容:

(1)该活动以寝室为单位,4人或6人为一组,拟定适合寝室的起居时间表。

(2)起居时间表的拟定原则是要在保证睡眠充足的基础上,合理规划起床、就寝、体育锻炼、学习等时间。

(3)将拟定好的时间表粘贴在宿舍墙上,大家互相监督并执行。

(4)起居时间表执行一周后,大家谈一谈各自的感受,并根据大家提出的合理建议更改或修订起居时间表。

活动评价(表4-5):

表4-5 制定在校期间的起居时间表活动评价表

序号	活动内容	分值	自评	互评	师评
1	制定起居时间表过程中的参与度	20			
2	起居时间表实施一周的执行情况	40			
3	起居时间表修订过程中的意见提出	20			
4	按照起居时间表实施起居后的身体、学习状况	20			
	合计	100			

活动思考:

(1)分享你在制定起居时间表过程中遇到的难题,并谈谈是如何解决这些难题的。

(2)谈谈你在合理的起居时间表影响下自我的改变,包括身体、学习等多方面的变化。

第五章 美丽家园，齐心共育

第一节 做寝室美化行动者

1. 学会整理寝室。
2. 通过美化寝室，体验劳动带来洁净环境的愉悦感。

 知识链接

在中职学生的生活中，宿舍是每个学生所待时间最长的地方，宿舍环境的好坏直接关系到学生的身心健康与学习成绩，因此学校积极倡导学生提高宿舍的环境质量，提高宿舍生活质量，美化宿舍等。

 知识点：寝室的含义

寝室指设有床、主要供睡觉用的房间。针对学生来说，寝室即学生寝室（dormitory），供学生群体或个人睡觉用，通常指住很多人的大房间。

 实践活动：寝室美化设计

活动目标：

（1）寝室是学生学习的第二课堂、生活的重要场所、人格完善的重要舞台，为使学生有一个清洁、整齐、美观、舒适、文明、有序的学习和生活环境。

（2）寝室美化设计活动本着"以人为本"的原则，尊重学生的主观性、创造性，使学生养成自觉守纪、自我规范、自我维护、自我教育、自我管理、自我提高的学习和生活习惯。

（3）通过全寝室成员的协作，打造心目中的理想宿舍。

活动内容：

1. 寝室美化设计原则及要求

（1）原则：寝室的设计布置要体现思想性、知识性、艺术性、实用性，力求做到整洁、朴素、美观、节俭。有本宿舍的美化主题和风格，设计新颖而又规范。

（2）要求。

①门面干净整洁，门镜明亮，门后张贴本宿舍成员值日表及值日职责，此表由宿舍成员自行设计并张贴在门后。

②墙面：宿舍内外墙面干净，无脚印、手印，无乱涂乱写痕迹，无尘土蛛网。宿舍内墙面上可以张贴名言、警句、字画等，数量不超过四张（幅）。注意不要张贴明星、球星、动漫等画报。

③书桌：桌面干净，摆放的生活用具洁净、整齐。

2. 寝室卫生要求

卫生要求：达到四光亮、四整齐、四无。

（1）四光亮：门、窗、墙壁、灯具洁净光亮。

（2）四整齐：被褥干净，叠放整齐，桌子箱子排列整齐，日常用品摆放整齐，书本、衣帽、鞋子摆放整齐，按军训标准整理。

（3）四无：地面无尘土、纸屑、果皮、痰迹，垃圾及时倾倒，墙壁、天花板无污迹灰尘、蜘蛛网，无乱拉绳索、铁丝，无乱挂物品。

3. 就寝秩序要求

（1）遵守学校作息制度，没有串寝室、深夜外出和外宿现象。

（2）维护就寝秩序，不发出影响他人就寝的干扰噪声。

（3）无起哄吵闹、打架斗殴、偷窃、赌博、抽烟、喝酒等现象；无违章使用电器、酒精炉、蜡烛、打火机等现象；无损坏公物和他人财物的现象。

寝室美化设计由各班自己组织，由政教处、团委、公寓管理员组织检查评比，卫生及内务整理由宿舍管理员负责检查评分，检查评比得分纳入班级量化考核中。

4. 制定寝室所用的相关表格

制定寝室所用的相关表格，如表5-1～表5-3所示。

表5-1　宿舍出入登记表

序号	姓名	性别	班级	宿舍	进入时间	离开时间	原因	备注
1								
2								
3								
4								
5								

表 5-2 宿舍值周登记表

工作岗位	工具	劳动任务	成员	负责人	巡查人
男女生宿舍楼	宿舍出入登记表、笔、垃圾夹等	学生出入宿舍手续审查和登记管理 宿舍公共区域卫生保洁			

表 5-3 宿舍值日表

记录内容	星期一	星期二	星期三	星期四	星期五	星期六	星期日
值日人员							
值日内容	室内通风、扫地、拖地、擦桌子和窗台、墙面清洁、倒垃圾、擦窗户玻璃、整理公共区域物品、查看安全隐患、按时熄灯、检查床铺整理情况							
值日目标								
本周完成情况小结								

活动评价(表 5-4)：

表 5-4 寝室美化设计活动评价表

序号	活动内容	分值	自评	互评	师评
1	寝室美化布置	30			
2	寝室卫生环境	30			
3	寝室秩序	20			
4	在活动过程中的表现	20			
	合计	100			

活动思考：

(1)有无认真参与设计寝室美化的方案？

(2)活动过程中是否积极参与、自觉劳动？

(3)分享交流经验时表述是否清晰？层次是否清楚？有无认真思考改进建议？

第二节　做垃圾分类倡导者

学习目标

1. 掌握垃圾分类知识。
2. 将垃圾进行正确分类，并将分类好的垃圾投放到正确的垃圾桶内。
3. 积极参与环保活动，爱护校园环境。

知识链接

垃圾分类是新时尚。作为新时代的大学生，应该积极践行宣传垃圾分类。课后查阅相关资料，丰富专业知识，做好宣讲材料，争取成为一名合格的垃圾分类宣讲员。下面介绍一些垃圾分类的知识。

知识点1：为什么要进行垃圾分类

人类社会物质生产进步，同时也产生了许多难降解、高污染、有毒的垃圾。要拥有良好的人居环境，实现可持续发展，必须科学有效地处理垃圾。填埋、焚烧相对简单，但由此带来的土壤污染、地下水污染、空气质量恶化不可逆转。到目前为止，处理垃圾最有效的办法是分类管理，这样可以最大限度地实现垃圾的回收利用，做到无害化减害化处理。

由于习惯的养成需要久久为功，基础设施的完善也并非一朝一夕能够实现的，因此垃圾分类是"最难推广的简单工作"。简单到举手之劳即可完成；难做，是因为要深化认识、掌握相应知识，形成正确投放习惯。日本通过严格针对投放垃圾收费让人们重视垃圾的处理。瑞典在培养国民垃圾分类意识上足足花了一代人的时间。

习近平总书记十分关心垃圾分类这件事。他强调，实行垃圾分类，关系广大人民群众生活环境，关系节约使用资源，也是社会文明水平的一个重要体现。

2019年起，全国地级及以上城市全面启动生活垃圾分类工作，垃圾分类投放逐步成为居民的"新时尚"。

我们一方面要自觉按垃圾分类要求投放垃圾，保护环境；另一方面要做环境保护的卫士，通过宣讲发动更多人参与到垃圾分类中来。更进一步，可以为垃圾分类出谋划策，设计方便人们进行垃圾分类的产品或办法，为社会文明进步贡献力量。

知识点2：垃圾分类的标准

(1)可回收垃圾：主要包括废纸、塑料、玻璃、金属和布料五大类，可回收利用。
(2)厨余垃圾：包括剩菜剩饭、骨头、菜根菜叶等食品类废物，经生物技术就地处理堆肥,变成有机肥料。

(3)有害垃圾:包括废电池、废日光灯管、废水银温度计、过期药品等,需要做特殊安全处理。

(4)其他垃圾:包括除上述几类垃圾之外的砖瓦陶瓷、渣土、卫生间废纸等难以回收的废弃物,采取卫生填埋可有效减少这些垃圾对地下水、地表水、土壤及空气的污染。

垃圾分类标识如图 5-1 所示,请大家识记。

图 5-1　不同类别的垃圾标识

 知识点 3:怎样进行垃圾分类

按规定和标准,将垃圾分类储存、分类投放、分类搬运。在垃圾产生之时,就应意识到其属于哪类垃圾,分别予以存放。在丢弃垃圾时,按照分类标识分别投放。在值日值周或义务劳动过程中,若涉及垃圾搬运,要注意分类搬运。

 知识点 4:关于垃圾分类的规定

2017 年 3 月,国家发改委、住建部发布《生活垃圾分类制度实施方案》,要求在北京、上海、太原、长春、杭州、宁波、广州、宜春、银川等全国 46 个城市先行实施生活垃圾强制分类。

2019 年 6 月,住建部、国家发改委、生态环境部等九部门联合印发《关于在全国地级及以上城市全面开展生活垃圾分类工作的通知》,到 2020 年,将会在先行先试的 46 个重点城市基本建成垃圾分类处理系统,到 2025 年,全国地级及以上城市将基本建成垃圾分类处理系统。

2018 年 1 月 16 日,教育部办公厅等六部门发布《关于在学校推进生活垃圾分类管理工作的通知》,要求合理制定生活垃圾分类实施方案,稳步开展生活垃圾分类工作,到 2020 年底,各学校生活垃圾分类知识普及率要达到100%。

知识延伸

垃圾分类常识

1. 可回收垃圾

可回收垃圾主要包括废纸、塑料、玻璃、金属和布料五大类。

废纸:主要包括报纸、期刊、图书、各种包装纸等。但是,要注意纸巾和厕所纸由于水溶性太强不可回收。

塑料:各种塑料袋、塑料泡沫、塑料包装(快递包装纸是其他垃圾/干垃圾)、一次性塑料餐盒餐具、硬塑料、塑料牙刷、塑料杯子、矿泉水瓶等。

玻璃:主要包括各种玻璃瓶、碎玻璃片、暖瓶等(镜子是其他垃圾/干垃圾)。

金属:主要包括易拉罐、罐头盒等。

布料:主要包括废弃衣服、桌布、洗脸巾、书包、鞋等。

这些垃圾通过综合处理回收利用,可以减少污染,节省资源。如每回收1吨废纸可造好纸850千克,节省木材300千克,比等量生产减少污染74%;每回收1吨塑料饮料瓶可获得0.7吨二级原料;每回收1吨废钢铁可炼好钢0.9吨,比用矿石冶炼节约成本47%,减少空气污染75%,减少97%的水污染和固体废物。

2. 其他垃圾

其他垃圾(上海称干垃圾)包括除可回收垃圾、厨余垃圾、有害垃圾之外的砖瓦陶瓷、渣土、卫生间废纸、纸巾等难以回收的废弃物及尘土、食品袋(盒)。采取卫生填埋可有效减少这些垃圾对地下水、地表水、土壤及空气的污染。

大棒骨因为"难腐蚀"被列入"其他垃圾"。玉米核、坚果壳、果核、鸡骨等则是厨余垃圾。

卫生纸:厕纸、卫生纸遇水即溶,不算可回收的"纸张"。类似的还有烟盒等。

餐厨垃圾装袋:常用的塑料袋,即使是可以降解的也远比餐厨垃圾更难腐蚀。此外,塑料袋本身是可回收垃圾。正确做法应该是将厨余垃圾倒入"厨余垃圾"桶,塑料袋另扔进"可回收垃圾"桶。

果壳:在垃圾分类中,"果壳瓜皮"的标识就是花生壳,的确属于厨余垃圾。家里用剩的废弃食用油,也归类于"厨余垃圾"。

尘土:在垃圾分类中,尘土属于"其他垃圾";但残枝落叶属于"厨余垃圾",包括家里开败的鲜花等。

3. 厨余垃圾

厨余垃圾(上海称湿垃圾)包括剩菜剩饭、骨头、菜根菜叶、果皮等食品类废物。经生物技术就地处理堆肥,每吨可生产0.6~0.7吨有机肥料。

4. 有害垃圾

有害垃圾含有对人体健康有害的重金属、有毒的物质或者对环境造成现实危害或者潜在危害的废弃物,包括电池、荧光灯管、灯泡、水银温度计、油漆桶、部分家电、过期药品及其容器、过期化妆品等。这些垃圾一般单独回收或做填埋处理。

实践活动：弯腰劳动，将垃圾分类

学习不仅仅是学习书本知识，更要培养谦卑的做事态度，培养自力更生、吃苦耐劳的品质。无论在校园内外，都能躬身清洁环境、弯腰捡起垃圾，能够建设优美的学习生活环境，杜绝校园"四乱"（即乱贴、乱放、乱丢、乱涂）现象，使校园文明有序、美丽整洁。弯腰劳动需要大家集体行动起来，爱护环境，做真正的校园主人翁。

活动目标：

（1）认识弯腰捡起马路上的垃圾是我们可以身体力行的事情。

（2）参与清洁活动，养成良好的劳动习惯。

（3）不乱丢垃圾，养成分类投放垃圾的意识。

（4）了解垃圾分类的益处，以及给环境保护带来的好处。

活动内容：

1. 弯腰劳动，捡拾校园垃圾

组织同学们观看公益宣传片《为祸》并进行交流讨论，注意养成良好的个人卫生习惯，整理好个人物品，不随意丢弃垃圾，不让别人为自己的不恰当行为弯腰，积极响应弯腰劳动号召。

同学们可以想一想哪些行为可能给他人带来弯腰劳动的负担。

2. 开展垃圾分类活动

可以组织同学们到学校的湖边、围墙边等容易被忽略的卫生死角开展一次垃圾清理活动，并将捡到的垃圾进行分类处理。此活动可提高同学们自觉维护环境卫生的意识，引导学生对垃圾进行正确分类，减少环境污染。

3. 活动安全提示

（1）注意交通和人身安全。

（2）可以佩戴劳动保护手套。

（3）注意个人卫生，捡完垃圾后及时洗手。

（4）做好防雨、防晒、防风等应急准备。

活动评价（表 5-5）：

表 5-5 弯腰劳动，将垃圾分类活动评价表

序号	活动内容	分值	自评	互评	师评
1	对垃圾分类知识的了解	20			
2	在弯腰劳动过程中的表现	20			
3	在对垃圾进行分类过程中的准确度	30			
4	在团队协作中的表现	20			
5	在活动总结和点评过程中的表现	10			
	合计	100			

活动思考：

(1)有无认真准备参加活动所需的垃圾分类知识？是否做好了衣着、工具准备？

(2)活动过程中是否积极参与、自觉劳动？

(3)分享交流经验时表述是否清晰？层次是否清楚？有无认真思考改进建议？

第三节　做绿化环保践行者

· 学习目标 ·

1. 了解环保的含义。
2. 了解环保的主要内容和意义。
3. 积极参与环保活动，爱护校园环境。

知识链接

环境保护可以维护生态平衡，保护环境是关系人类生存、社会发展的根本性问题。做好环境保护，可以推动中国的可持续发展，发展国民经济时要把保护环境放在首要位置。

　知识点 1：环保的含义

环境保护简称环保。环境保护（environmental protection）涉及的范围广、综合性强，不仅涉及自然科学和社会科学的许多领域，还有其独特的研究对象。环境保护方式包括：采取一系列行政、法律、经济和科学技术措施，或借力于民间自发环保组织等，合理地利用自然资源，防止环境的污染和破坏，以求自然环境同人文环境、经济环境共同平衡可持续发展，扩大有用资源的再生产，保证社会的发展。

　知识点 2：环保的主要内容

环境保护是指人类为解决现实的或潜在的环境问题，协调人类与环境的关系，保障经济社会的持续发展而采取的各种行动的总称。环境保护又指人类有意识地保护自然资源并使其得到合理的利用，防止自然环境受到污染和破坏；对受到污染和破坏的环境必须做好综合治理，以创造出适合人类生活、工作的环境。

1. 防治生产和生活的污染

防治生产和生活的污染，包括防治工业生产排放的"三废"（废水、废气、废渣）、粉尘、放射性物质以及产生的噪声、振动、恶臭味和电磁微波辐射，交通运输活动产生的有害气体、液体、噪声，海上船舶运输排出的污染物，工农业生产和人民生活使用的有毒有害化学品，城镇生活排放的烟尘、污水和垃圾等造成的污染。

2. 防止建设和开发的破坏

防止建设和开发的破坏,包括防止由大型水利项目、铁路、公路干线、大型港口码头、机场和大型工业项目等工程建设对环境造成的污染和破坏,农垦和围湖造田活动、海上油田开发、海岸带和沼泽地的开发、森林和矿产资源的开发对环境的破坏和影响,新工业区、新城镇等的建设对环境的破坏、污染。

3. 保护有价值的自然环境

保护有价值的自然环境,包括对珍稀物种及其生活环境、特殊的自然发展史遗迹、环保地质现象、地貌景观等实施有效的保护。

另外,城乡规划、控制水土流失和沙漠化、植树造林、控制人口的增长和分布、合理配置生产力等,也都属于环境保护的内容。环境保护已成为当今世界各国政府和人民的共同行动和主要任务之一。中国则把环境保护设为一项基本国策,并制定和颁布了一系列环境保护的法律、法规,以保证这一基本国策的贯彻执行。

实践活动:组织清理校园的绿化带和排水沟(井)

绿化带和排水沟(井)是校园卫生比较难清理的部分,容易清理不彻底。通过这项劳动可以美化校园,减轻环卫人员清扫校园的负担,力所能及为创建文明校园做贡献,同时可以体会环卫人员的辛苦,减少日常随意丢弃垃圾的行为,尤其是了解隐蔽处垃圾可能是较大安全隐患,积极践行文明行为。时间比较紧张的同学,可以在晨练时随手捡拾垃圾,可以在听英文练口语时脑体并用。时间相对充裕的同学,可以比较彻底地清理一遍树丛、树墙、草丛等隐蔽处的垃圾,可以抬起下水井盖掏出下面的垃圾,净化校园环境。

活动目标:

(1)了解校园隐蔽处垃圾的来源及危害,熟悉校园劳动的流程,掌握垃圾分类知识。

(2)能通过团队协作完成校园劳动任务,会使用工具进行清扫和疏通工作。

(3)体会劳动创造整洁环境的愉悦感和成就感,自觉减少随意丢弃垃圾的行为。

活动内容:

1. 活动准备

准备好劳动工具。用垃圾夹、垃圾袋比较方便,但如果没有垃圾夹,也可以用笤帚、簸箕,或者戴胶皮手套、线手套等。大家互相帮助,分工合作,人手一件工具。(图5-2)

垃圾夹有一根长柄,方便人们直立身体将垃圾夹取到垃圾袋子里,网购价格为十几元。研究它的原理是一件有趣的事情,说不定还可以进一步开发新的功能或研制升级产品。

垃圾袋可以及时将拾取的垃圾收集起来,便于集中投放。一般情况下,绿化带和下水沟(井)中多是饮料瓶、包装袋、纸巾、残花杂叶等,只要准备一个袋子放饮料瓶、一个袋子放不可回收垃圾即可。

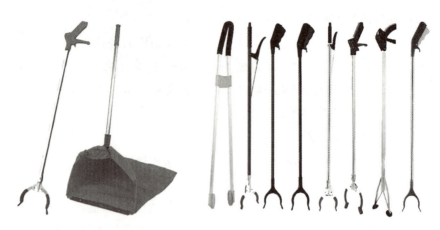

图 5-2　打扫工具

2. 活动流程

（1）清理校园绿植周围的垃圾。

大部分校园垃圾都已被环卫人员日常清理掉了，但有些垃圾比较隐蔽，需要伸入绿植的枝叶深处或根系周围掏取，在清理这些垃圾的同时要注意保护植物。极个别情况下，树墙或绿化带周围遍布垃圾，这时候需要较长时间来清除这些垃圾。绿植隐蔽处的垃圾有随手丢弃的，有羞于扔到明面而故意塞到枝叶间的，有因被风吹聚集到树丛里的，有因被水冲淤积到树墙周围的，这些垃圾不仅影响美观，而且会给植物生长带来危害。（图5-3）

图 5-3　清理校园绿植周围垃圾

（2）清理排水沟（井）。

校园排水沟遍布校园内各个角落——道路旁、楼附近、跑道边，其上一般有铸铁井盖或沟盖板，打扫卫生时如果图省事只顾外表，将垃圾灰土直接扫入沟（井）里，日积月累，垃圾会堵塞沟（井），给日后排水带来较大隐患。清理时，要先了解排水沟（井）的用途和平时的管理情况。排水沟(井)比较浅,可以掀起盖子打扫,这样会清理得比较彻底。但如果不方便掀起盖子,或者下面很深,又或者有电有水及其他不确定因素,就不要轻易去触碰,注意安全。尽量用工具清理,不要跳下去或者做其他危险动作。(图 5-4)

图 5-4　清理排水沟(井)

(3)清洗、收拾。

清理完毕,清洗、收好垃圾夹,做好个人卫生。

(4)反思活动过程。

就活动过程进行反思与提炼,就改进工作、优化环保流程提出建议。

3. 安全提示

(1)衣着轻便,鞋子合脚,徒手或戴胶皮手套。

(2)准备好垃圾夹、垃圾袋和必要的防晒护肤用品。

(3)事先了解学校活动,做好沟通工作,避免与学校其他活动冲突或影响他人学习生活。

(4)根据天气和实际情况做调整。

(5)注意弯腰躬身、手臂伸入树枝丛中等情况下的自我防护,注意工具使用安全。

(6)劳动后及时收好工具,将垃圾分类投放,做好收尾工作。

活动评价(表 5-6):

表 5-6　组织清理校园的绿化带和排水沟(井)活动评价表

序号	活动内容	分值	自评	互评	师评
1	对此次清理校园绿化带和排水沟(井)活动的认知	10			
2	在准备工具过程中的表现	20			
3	清理校园绿化带时的表现	30			

续表

序号	活动内容	分值	自评	互评	师评
4	清理校园排水沟(井)时的表现	30			
5	在团队协作中的表现	10			
	合计	100			

活动思考：

(1)有无认真准备参加活动所需的垃圾分类知识、绿植保护常识、排水沟(井)维护常识？是否做好了衣着、工具准备？

(2)活动过程中是否积极参与、自觉劳动？

(3)分享交流经验时表述是否清晰？层次是否清楚？有无认真思考改进建议？

第六章 善待生活，幸福可期

第一节 用护理守护家人

 学习目标

1. 掌握护理常识。
2. 关爱家人，并在他们需要照顾帮助时及时给予护理。

 知识链接

知识点：护理常识

当我们的家人正在经历一场比较大的病痛，要住院、要卧床，需要我们长时间地照料时，我们必须承担起照顾他的义务。这个照顾，说起来好像很简单似的——陪着他、照顾他的饮食起居即可，可是做起来可麻烦了，事情也很琐碎。那么，照顾病人应该注意哪些方面呢？如何照顾病人才能让病人舒坦地度过生病期呢？

1. 照顾周到

病人卧床、行动不便、身体虚弱，其日常生活都需要我们照顾，比如要问病人卧床姿势要不要更换一下、要不要喝水、要不要上厕所、饿不饿等。在病人准备起床散步时，我们要及时准备好拖鞋，不用等病人开口了再准备；治疗过程我们也都要安排好，让病人单纯地接受治疗就好，而不用操心自己要做哪些检查，让其无后顾之忧。

2. 及时洗漱

病人洗漱会很不方便，特别是动过手术的病人，连坐起来都很困难，这个时候我们就需要考虑病人平时的卫生习惯，帮助其及时洗漱。这样病人才会觉得舒服，不会觉得自己脏脏的，才会有个好心情。

3. 语气温柔

我们做家属的可能要整日整夜地陪伴病人，不能擅自离开、不能做自己的事情，有时还会觉得无聊，这些因素有可能会引发我们的坏情绪，从而导致对待病人时的态度不好。记住这种坏情绪万万不可有，因为病人是我们的家人，我们理应要对他好，不能让他的心情不好。我们必须很有耐心，对他说话时语气要温柔，绝不能让他感觉到我们的不耐烦，否则会让他产生内疚的情绪，有心理负担，这样会影响他的恢复。（图6-1）

图 6-1　照顾病人时要耐心和温柔

4. 安慰鼓励

病人生病，负面情绪会影响整个病期，而病人的心情对病情的恢复又是很重要的，这个时候我们做家属的就需要安慰和鼓励病人，给病人打气，让病人知道我们一直在他身边，我们可以让他依靠，可以让他无忧，想办法让病人开心起来，用我们的安慰和鼓励帮助他早日战胜病痛。

5. 适时解闷

病人在卧床期间，很容易产生烦躁情绪，因为养病期间会失去一定的自由。病人被束缚在一张小小的床上，什么事都不能去干，无聊又郁闷，这个时候我们就需要陪病人解解闷了，可以给病人讲讲最近都发生了什么事、跟病人谈论哪部电视剧好看等，只要让病人觉得不无聊，谈论什么都可以，就是不要让病人枯燥地煎熬着。

6. 补充营养

生病了元气大伤，身体各方面都需要提高，这时就需要补充大量的营养，我们要及时想到这一点，想办法给病人准备各种有营养的食物，让病人吃到好吃又营养的食物，让其早日恢复健康。

 知识延伸

海姆立克急救法

海姆立克急救法即海姆立克腹部冲击法。急性呼吸道异物堵塞在生活中并不少见，由于气道堵塞后患者无法进行呼吸，因此可能导致患者因缺氧而意外死亡。海姆立克腹部冲击法也称为海氏手技，是美国医生海姆立克先生发明的。1974年他首先应用该法成功抢救了一名因食物堵塞了呼吸道而发生窒息的患者，从此该法在全世界被广泛应用，拯救了无数患者，其中包括美国前总统里根、纽约前任市长埃德、著名女演员伊丽莎白·泰勒等。因此，该法被人们称为"生命的拥抱"。

一、适应证

1. 呼吸道异物

用于呼吸道异物的排除,主要用于抢救呼吸道完全堵塞或严重堵塞的患者。

2. 溺水患者

用于抢救溺水患者,以排除其呼吸道中的液体。

二、操作方法

急救者首先以前腿弓、后腿蹬的姿势站稳,使患者坐在自己弓起的大腿上,并让其身体略前倾。然后将双臂分别从患者两腋下前伸并环抱患者。左手握拳,右手从前方握住左手手腕,使左拳虎口贴在患者胸部下方、肚脐上方的上腹部中央,形成"合围"之势,然后突然用力收紧双臂,用左拳虎口向患者上腹部内上方猛烈施压,迫使其上腹部下陷。腹部下陷,腹腔内容上移,迫使膈肌上升而挤压肺及支气管。每次冲击可以为气道提供一定的气量,从而将异物从气管内冲出。施压完毕后立即放松手臂,然后再重复操作,直到异物被排出。(图 6-2)

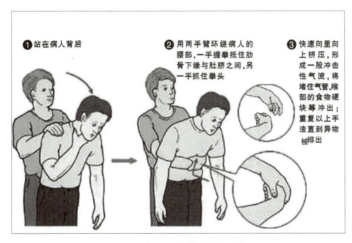

图 6-2 海姆立克急救法示意图

发生急性呼吸道异物阻塞时如果身边无人,患者也可以自己实施腹部冲击,手法相同,或将上腹部压向任何坚硬、突出的物体,并且反复实施。

对于极度肥胖及怀孕后期发生呼吸道异物堵塞的患者,应当采用胸部冲击法,姿势不变,只是将左手的虎口贴在患者胸骨下端即可,注意不要偏离胸骨,以免造成肋骨骨折。

对于意识不清的患者,急救者可以先使患者呈仰卧位,然后骑跨在患者大腿上或在患者两边,双手两掌重叠置于患者肚脐上方,用掌根向前、下方突然施压,反复进行。

如果患者已经发生心搏停止,此时应按照心肺复苏的常规步骤为患者实施心肺复苏,直到医务人员到来。

 实践活动 1:统计家人生日

家人是我们最亲近的人,我们一定要学会关爱家人、照顾家人,在家人生日时送上对他们的祝福。

活动目标：
(1)通过统计家人的生日,提高对家人的关注度。
(2)学会关爱家人、照顾家人。

活动内容：
(1)统计家人的生日,并制作成表格。
(2)被统计的家人不少于5人。
(3)给临近生日的家人准备生日礼物。

活动评价(表6-1)：

表6-1 统计家人生日活动评价表

序号	活动内容	分值	自评	互评	师评
1	统计家人生日,不少于5人	20			
2	与家人的交流沟通	20			
3	对护理常识的了解	20			
4	为家人准备生日礼物	20			
5	活动总结和点评过程中的表现	20			
	合计	100			

实践活动2：家庭理财小能手

俗话说"你不理财,财不理你"。人们的衣食住行都离不开金钱,中职生不久后将步入社会,逐步面临财务管理问题,学会理财对于中职生来说十分重要。理财的意义在于给家庭带来更多的安全感,最大限度地提高家庭财产的安全性、稳定性、增值性,并减少非预期性。本次活动我们来做一份收支表,分析一下财务状况,学习并掌握一些理财知识和技能。

活动目标：
(1)逐渐形成正确的金钱观、消费观、理财观。
(2)认识劳动与财富的关系,理解社会生活。
(3)学习使用记账工具,记录自己的流水账。
(4)学会按照时间节点进行理财,培养自立意识。
(5)尝试理财增值,防范理财风险。
(6)体会管理劳动的意义与价值。

活动过程：

1.制作个人收支明细表

可参照表6-2或根据个人情况制作个人收支明细表。

表 6-2　个人收支明细表

时间	支出项目								收入项目		结余
	零食	购物	餐费	水费	水果	交往	电话费	其他	生活费	其他	

2. 记录个人收支情况

按时间记录收支的流水账，经过一个时间段后进行一次汇总。根据记录过程和汇总结果，分析应做哪些方面的调整，如哪部分支出所占比例过高，哪部分支出可节约，哪部分支出不必要等。可以参考图 6-3 设计今后自己各部分支出的结构。

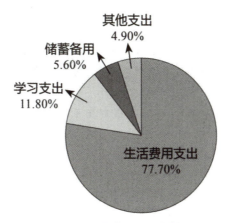

图 6-3　个人支出配置比例饼形图

3. 记录家庭收支情况

除了个人收支外，我们也有必要关心一下家庭的收支情况。家庭收支中除了每个人的收支外，还会有公共的支出，如购置家里共用的物品、交水电费等。结合个人收支情况的记录和分析，再扩展一下，进一步设计家庭理财管理表。

4. 从教育储蓄开始体会家庭理财

在家长和老师的指导下，学习用自己可以自由支配的资金进行理财。可以从选择银行存款开始，为自己今后升学或者参加工作设计一个存款计划，每年定期存入储备金，升学或者参加工作时，就会有一笔稳定的存款可作求学或找工作的资金保障了。也可以根据自己的实际情况选择其他理财方式。

5. 评估与反思

对自己家庭的理财情况进行评估和反思。家庭理财管理表中的数据可以反映出家庭经济状况，在与其他家庭的数据做比较分析后能够发现许多隐含的信息。

小案例

当今社会,理财观念深入人心,"以钱生钱"是很多人的迫切需求。随之而来的,就是骗子乘虚而入,设计出重重骗局,诱人上钩。他们利用人们对赚钱的渴望,经常打着网络投资的旗号实施诈骗。

李同学某天无意打开了一个小额贷款的广告。第二天,一名男子打来电话称他是做小额贷款的,问李同学是不是想贷款。李同学表示不想贷款。打电话的男子又称,他所在的公司不仅做小额贷款,还做理财投资等业务,该公司理财产品回报率达20%,李同学只要购买该公司的理财产品,坐在家里不用外出工作,每月就可以得到很大一笔的收益。

李同学为减轻经济负担被说动了,她问买理财产品是否保险、应怎样买,打电话的男子告诉她,可以先买2000元的保险,如果理财产品出了问题,可由保险公司理赔。当天中午,李同学按照打电话男子的要求,向指定账户汇去2000元购买保险。当天下午,这名男子先要李同学付款1.5万元购买了一款理财产品,接着又推荐李同学花3.5万元购买了另一款理财产品。

李同学购买了这些理财产品后感觉不放心,打电话给那名男子,她表示自己不想买这些理财产品了,要求退钱。打电话的男子称:"可以退,但要先打4.8万元过来在银行走流水账,15分钟后,就可以把购买理财产品的钱全部退回来。"李同学急于把前面付出的钱追回来,于当天下午4点又给对方转了4.8万元。结果,对方一分钱也没有退给她。她感觉到上当受骗后才向派出所报警。

网络投资是一种高风险活动,对明显高出市场平均收益的投资要保持警惕,不要被暂时的高利率所迷惑,切勿相信"高额回报""稳赚不赔"等说法;不要轻信陌生人发来的"盈利图",不加入全是陌生人的"投资群",不轻信"营业执照";不要向陌生个人账号汇款转账,向平台注资时要多方验证是否合法正规,一旦遭遇诈骗,保存好汇款或转账时的凭证,并立即报警。

活动评价(表 6-3):

表 6-3 家庭理财小能手活动评价表

序号	活动内容	分值	自评	互评	师评
1	做好自我消费分析表	40			
2	与家人的交流沟通	10			
3	对家庭理财的认知	10			
4	向家人宣传网络诈骗知识	20			
5	活动总结和点评过程中的表现	20			
	合计	100			

活动思考:

(1)你掌握海姆立克急救法和人工呼吸的方法了吗?

(2)在日常生活中我们应如何关心父母?

第二节 为社区提供服务

> **·学习目标·**
> 1. 了解社区和社区服务的含义。
> 2. 了解社区所需要的服务。
> 3. 参与社区服务实践活动,体验劳动乐趣。

知识链接

知识点1:社区的含义

社区是若干社会群体或社会组织聚集在某一个领域里所形成的一个生活上相互关联的大集体,是社会有机体最基本的内容,是宏观社会的缩影。社会学家给社区下的定义有140多种。社区是具有某种互动关系和共同文化维系力的,在一定领域内相互关联的人群形成的共同体及其活动区域。

知识点2:社区服务的含义

社区服务是指以社区为基本单元,以各类社区服务设施为依托,以社区全体居民、驻社区单位为对象,以公共服务、志愿服务、便民利民服务为主要内容,以满足社区居民生活需求、提高社区居民生活质量为目标,党委统一领导、政府主导支持、社会多元参与的服务网络及运行机制。与别的服务体系不同,社区服务具有福利性、群众性、地缘性和互助性的特征。

社区服务的原则:以人为本的原则、社会化方向的原则、特殊群体为重点的原则、社会效益为首的原则和因地制宜协调发展的原则。

知识点3:社区服务的特征

志愿服务可以深入社区,但专门的社区服务与志愿服务有所区别,社区服务有标志性的内在特征。

(1)社区服务除了一些社会自发性和志愿性的服务活动外,还包括有指导、有组织、有系统的服务体系。

(2)社区服务业不是一般的社会服务产业,它与经营性的社会服务业是有区别的。

（3）社区服务不是仅由少数人参与的为其他人提供服务的社会活动,它是以社区全体居民的参与为基础,自助与互助相结合的社会公益活动。

劳动故事

平凡的工作,伟大的价值

"能让更多的人在节日期间顺利出行,有些付出是值得的。再说,我们出租车行业本就是为大家提供便利服务的嘛。"新春佳节,当家人围坐在一起,共享团聚的喜悦时,出租车司机依然穿梭于大街小巷,使广大市民的出行更加便利,衡水市区爱心出租车队队长、的哥沈殿青就是他们中的一位。

沈殿青从1999年起就从事出租车营运工作,每年从年头忙到年尾,每天十二三个小时在路上。这个春节,他本来计划大年三十、初一给自己放两天假,专心陪伴家人。因为今年孩子正上高三,学习紧张,一家人聚少离多,他想趁着这两天好好跟孩子聚一聚、谈谈心。但是计划很快被搅乱了。

大年初一上午8时左右,他接到一位乘客打来的电话,这位乘客表示想乘他的车。起初沈殿青委婉地拒绝了。9时左右,这位乘客又打来电话,当得知对方一个多小时还没有打上车时,沈殿青坐不住了,急忙开车出了门。原来,对方是要带儿女去火葬场祭奠丈夫,从8时许就开始在路上打车,即便多付车费,很多出租车司机也都因为春节忌讳而拒载了。无奈,她只好再次求助沈殿青。回来时,她为表示感谢,50多元的车费非要给100元,沈殿青婉言谢绝,只收了50元。感激不已的乘客让儿子给沈殿青拜年致谢。

对此,沈殿青表示,出租车行业就是服务大众的行业,司机的行为代表的是整个行业,开车决不能只为了一己私利,而应以为大众提供便利为责任。他说,虽然工作很辛苦,但是很知足,因为在春节期间出车方便了许多没有私家车的人。

对于节假日、雨雪天随意涨价、拒载等行为,沈殿青持坚决否定态度。他说,越到特殊的时候越能体现这个行业的文明程度。春节将至时出租车最忙,虽然生意多了,但路也更堵了,根本赚不着钱。可这不能成为涨价或拒载的理由,而应用更加尽心的服务来赢得乘客的满意。

从业15年来,沈殿青从未遭到过一次顾客的投诉或监管部门的处罚。相反,他收到了不计其数的表扬和锦旗。他发起成立的爱心车队,矢志不渝地为乘客和弱势群体奉献真情,给无数人带去了温暖和感动。他满腔热忱地为广大乘客服务,始终把工作标准定在"一切为了乘客方便"这一目标上,同时积极参加各类社会爱心活动。

对于未来,沈殿青希望爱心车队能够传递更多正能量,带动整个出租车行业规范经营、文明服务,让每个市民都能顺利、愉快出行。

 实践活动1:参观社区便民服务站

社区是居民生活重要的保障机构,社区设立了许多志愿服务岗位或场所。走进社区,了解所参观的社区采取的便民措施,与在这里服务的志愿者进行交流,了解新型服务劳动的特点,把握志愿服务与日常生活的联系,将所学知识应用于服务社区、回馈社会。

活动目标:

(1)通过参观,了解社区便民服务站的服务范围和功能。

(2)结合志愿服务所需,在实践中应用理论知识,提高自身的技术技能。

(3)培养热爱劳动和吃苦耐劳的精神,提高独立意识和自主能力。

(4)树立正确的劳动价值观。

活动过程:

1. 活动路线

学校正门→社区便民服务站(社区卫生服务站、便民服务商店、邮政便民服务站、社区服务中心)→学校正门。

2. 参观要求及注意事项

(1)统一着装。

(2)准时在规定地点集合。

(3)进入社区便民服务站之前先接受安全教育和简单的礼仪礼貌培训。

(4)以班级为单位,跟随社区工作人员进行参观,了解社区便民服务站的功能、特点、服务范围,其他学生未经许可不得进入社区便民服务站。

(5)参观学习时必须听从带队老师的安排,不得掉队、离队,有特殊情况的需要提前请假,有突发状况的及时联系带队老师处理。

3. 参观社区便民服务站

(1)社区卫生服务站。

社区卫生服务站是社区便民服务站之一,融预防、保健、健康教育、计划生育和医疗、康复等服务于一体,提供送药上门、免费义诊等服务。(图6-4)

图6-4 社区卫生服务站

(2)便民服务商店。

便民服务商店销售平价蔬菜、水果、米面油盐等,以满足居民群众的生活需求,方便居民的日常生活。

（3）邮政便民服务站。

邮政便民服务站提供信件包裹代投递、报刊征订、平常函件代收寄、普通邮票和信封代销售、邮票预订等服务。（图6-5）

图6-5　邮政便民服务站

（4）社区服务中心。

社区服务中心可以代缴水电气费、打印医保证明，装有自助缴费一体机。

4. 了解社区志愿服务工作

与社区志愿者进行交流，了解社区服务的主要工作。社区志愿服务工作通常包括以下几项。

（1）宣传法律法规和国家的政策，维护居民的合法权益，引导居民依法履行应尽的义务，开展多种形式的社会主义精神文明建设活动。

（2）努力办好辖区居民的各项公共事务。

（3）调解好民事纠纷，促进居民内部团结友爱、互帮互助。

（4）负责向上级政府和街道办事处反映居民的意见、要求，并提出建议。

5. 志愿服务在社区

在了解社区服务工作特点、流程的基础上，根据自己的兴趣选择社区志愿服务工作开展志愿服务，如社区的各种宣传志愿服务、邮政便民服务站引导分流志愿服务、便民服务商店送货上门志愿服务、社区服务中心各种信息设备使用指导志愿服务等。

6. 交流与反思

以小组为单位分享参观社区便民服务站的感受，以及参与社区志愿服务工作的体会，思考新型社区服务工作中存在哪些不足、应如何解决。

活动延伸：

1. 了解信息化在社区服务中的应用

（1）社区服务呼叫中心管理系统。

通过该系统，社区服务中心可以随时通过电话、传真等多种手段与市民和服务加盟商联系，获取各种信息，并提供全方位的服务，从而将传统意义上的社区服务中心变为咨询中心、投诉中心和增值服务中心。

(2)社区综合信息查询统计分析系统。

该系统用于省、市、区、街道针对各种基础数据进行分级查询统计,所有的数据通过多种方式上报,集中存储在省、市、区的数据中心。这个系统为不同级别的用户提供分级查询服务,并进行汇总统计分析,可作为基础数据管理分析平台。

(3)社区一站式服务管理系统。

该系统就是为了简化办事流程,方便办事人员,使办事的居民或工作人员少跑腿。这个系统主要具备服务受理、服务监督、服务指南、公共办事查询、服务收费、服务项目管理、统计分析及报表、网上窗口业务、触摸屏查询等功能。这些功能主要由两个子系统来实现,一是社区政务服务系统,二是网上办事大厅。社区政务服务系统和网上办事大厅可以实现内网的数据同步,网上提交的申请事项可以进入政务服务系统,并将审批结果反馈到网上,方便申办人查询办事进度和结果。

(4)社区信息管理系统。

该系统利用计算机全面、准确、可靠、及时地记录和处理社区日常业务运作过程中产生的各种业务信息,规范社区工作,提高社区的工作效率,为其他相关部门提供准确、有效的基础数据。其主要包含社区概况、社区组织、社区安全、社区文明、社区服务、社区救助、社区卫生、计划生育、日常工作九大业务模块。

2. 尝试使用自助缴费一体机

社区服务中心装有自助缴费一体机(图 6-6),可以尝试使用一下。

图 6-6 社区便民自助缴费一体机

 实践活动 2:社区劳动实践

《大中小学劳动教育指导纲要(试行)》指出,要将劳动教育与学生的个人生活、校园生活和社会生活有机结合起来,丰富劳动体验,提高劳动能力,深化对劳动价值的理解。参加社区劳动,做社区组织管理的主人翁,能够丰富劳动体验、深化对劳动价值的理解、拓展技能服务社会的范围。本次活动就是深入社区,了解社区工作的主要内容,与社区工作人员一道,为维护整洁的社区环境、消除社区安全隐患做贡献。

活动目标:
(1)丰富个人的劳动体验。
(2)体会劳动中传递爱心、传递文明的价值。
(3)提高对志愿精神的认知。
(4)维护整洁的社区环境。

活动内容:

1. 活动准备

确定所要服务的社区及服务内容,与社区沟通联系,了解社区基本情况。在清理违规小广告的过程中可能会发生误解和冲突,可以提前和社区工作人员沟通,并要求其协助做好疏导工作。

2. 制定活动方案

将参加人员分成三组,每组安排一个负责人;各组负责人负责安排本组的具体工作;对每组平均分配水桶、抹布、扫帚、垃圾袋等劳动工具。

3. 了解社区志愿劳动要求

(1)统一着装,按规定时间在指定地点集合。
(2)集体行动,遵守活动纪律,确保活动有序进行。
(3)要妥善保管劳动工具,认真清除小广告、非法涂鸦,并把垃圾放在随身带的袋子里面。
(4)不随意触碰居民物品,不乱扔垃圾,不喧哗打闹,注意文明礼貌。

4. 活动总结

社区劳动活动结束后,将垃圾全部带走,并归还劳动工具。在集合地点再次集合,返程。返回学校后小组成员进行活动分享,各组负责人进行总结。

活动评价(表 6-4):

表 6-4 社区劳动实践活动评价表

序号	活动内容	分值	自评	互评	师评
1	活动准备	15			
2	制定活动方案	15			
3	参与社区志愿劳动	40			
4	工具的使用和保管	15			
5	活动总结	15			
	合计	100			

活动思考:

(1)通过实践活动,你知道社区最需要哪些志愿服务吗?
(2)此次活动你最大的感受是什么?

第三篇 社会实践

第七章 学农学工，丰富体验

第一节　懂农业，学农民，识农村

· 学习目标 ·

1. 了解我国农业的重要地位。
2. 了解乡村振兴战略规划。
3. 参与农村实践活动，体验农业劳动乐趣。

 知识链接

农业在国民经济中的基础地位，突出地表现在粮食的生产上。全国14亿多人口的粮食、肉类、蔬菜、水果等食物和纺织用纤维等，除少数年份为调剂品种而有进口外，都来自本国农业。

 知识点：乡村振兴战略规划

《乡村振兴战略规划（2018—2022年）》是中央农村工作领导小组办公室提出的乡村振兴规划。第六章指出，到2035年，乡村振兴取得决定性进展，农业农村现代化基本实现。农业结构得到根本性改善，农民就业质量显著提高，相对贫困进一步缓解，共同富裕迈出坚实步伐；城乡基本公共服务均等化基本实现，城乡融合发展体制机制更加完善；乡风文明达到新高度，乡村治理体系更加完善；农村生态环境根本好转，生态宜居的美丽乡村基本实现。到2050年，乡村全面振兴，农业强、农村美、农民富全面实现。

 实践活动：乡村调研，参与农业劳动

活动目标：

(1)通过走访了解近年来脱贫攻坚战与乡村振兴战略给农村带来的变化。
(2)通过制作文化墙扮靓乡村，宣传国家政策。

(3)通过帮助打扫环境卫生、赠送清洁物资、贡献改善环境妙招助力农村生活环境的改善。

(4)感受民生民情,积极思索,建言献策。

活动内容:

1. 了解近年来脱贫攻坚政策

中华人民共和国成立之初,百业凋敝,内外交困,"吃饭"问题能不能解决都是严峻考验。中国共产党不忘初心、牢记使命,带领人民奋发图强,逐渐探索出了中国特色社会主义扶贫开发道路。中国成为世界上减贫人口最多的国家,也是世界上率先完成联合国千年发展目标的国家。

截至2014年底,中国仍有7000多万农村贫困人口。2015年11月在中央扶贫开发工作会议上,习近平总书记强调,消除贫困、改善民生、逐步实现共同富裕,是社会主义的本质要求,是中国共产党的重要使命;全面建成小康社会,是中国共产党对中国人民的庄严承诺。由此,中共中央、国务院作出了关于打赢脱贫攻坚战三年行动的决定。经过各级政府大力投入,各行业部门专项行动,广大扶贫干部驻镇驻村开展脱贫攻坚工作,在群众的支持和自力更生努力下,到2020年,中国如期完成了新时代脱贫攻坚目标任务,现行标准下农村贫困人口全部脱贫,贫困县全部摘帽,消除了绝对贫困和区域性整体贫困。

2. 到乡村实地走访

通过实地查看村容村貌、走访群众,了解村史、村情民意、当地风土习俗、社会主义新农村建设情况。探访建档立卡贫困户,询问其享受到的国家政策及生活改善情况,问问村民吃、穿、住房、饮水、医疗保障情况,有机会可以在农村住几天,深入体验生活。

3. 加强农村精神文明建设

乡村振兴,思想先行。宣传思想工作要紧贴农村生产生活,紧贴农民所思所想,让农民跟着党走、跟着时代走,方能最大限度地发挥"乘数效应",助推社会主义核心价值观在农村落地生根。

(1)事先与乡村宣传部门沟通,结合实际宣传主题,发挥中职教育宣传优势和专业特长,为新农村建设做宣传和扮靓乡村工作。在村委会外墙、乡村街道,选择合适的图画制作宣传画,主要宣传内容包括社会主义核心价值观、新农村建设、乡风文明、乡规村约、环境保护等。

(2)向村民宣传新时代文明实践有关知识,以实际行动号召村民共同维护良好乡容村貌,引导大家改陋习、树新风。

4. 为老乡排忧解难

在当下中国农村空心化、乡村缺乏发展能力的背景下,农村迫切需要志愿服务。开展农村志愿服务活动,是新时代文明实践建设的基础工作,意义重大。

在活动过程中力所能及地帮助乡村解决垃圾分类问题,帮助留守家庭解决实际困难,帮助老幼病残弱群体改善居住环境,根据实际情况捐赠洗衣机、洗衣粉、洗衣液等物资,帮助其打扫卫生等,为群众解难、为社会分忧、为和谐出力。(图7-1)

通过实施政策解读,实地调研了解国家、社会、爱心组织、扶贫干部为脱贫攻坚贡献的智慧与力量。

图 7-1　学生在乡村参加劳动

5. 活动反思与交流

根据实地探访了解到的情况和能查阅到的资料,分析研究村庄规划建设面临的问题,谈谈你对完善乡村治理机制的思考与建议,如乡村垃圾分类、厕所革命、环境改善等工作如何才能够更好地开展。

6. 撰写考察报告

进一步收集资料,深入研究新农村建设情况,谈谈你对乡村治理的理解,试着撰写农业、农村考察报告。

活动评价(表 7-1):

表 7-1　乡村调研,参与农业劳动活动评价表

序号	活动内容	分值	自评	互评	师评
1	了解脱贫攻坚和乡村振兴政策	20			
2	乡村走访	20			
3	扮靓乡村	20			
4	为村民排忧解难	20			
5	为乡村治理建言献策	20			
	合计	100			

活动思考：

(1)谈谈你对我国农业的了解，你的身边哪些事物与农业息息相关？

(2)走访乡村后，你对农业发展有哪些认知？

第二节 知工业,学工人,通技艺

学习目标

1. 了解中国工业的类型。
2. 了解提升职业技能的方式。
3. 考取职业资格证书,提升职业能力。

知识链接

知识点:中国工业

中国工业是中国特色的工业,经过发展建立了具有一定技术水平的、门类比较齐全的、独立的工业体系。

中国工业类型包括煤炭工业、钢铁工业、石化工业、电力工业、有色金属工业、机械工业、汽车工业、航空航天工业、船舶工业、轻工业、纺织工业、医药工业、食品工业、烟草工业、建材工业、电子工业等。

知识延伸

中国大国重器的辉煌成就

1. 彩虹太阳能无人机

彩虹太阳能无人机是中国航天科技集团公司第十一研究院自主研发的新型太阳能无人机。2017年,彩虹太阳能无人机圆满完成临近空间飞行试验,标志着中国已成为继美、英之后第三个掌握这种技术的国家。(图7-2)

图7-2 彩虹太阳能无人机

2."玉兔号"月球车

2013年12月14日,嫦娥三号着陆月面。这是我国探测器首次登上地外天体,中国成为世界上第三个实现月面软着陆的国家。2013年12月22日凌晨,在地面控制下,嫦娥三号着陆器与巡视探测器(即"玉兔号"月球车)进行了第五次互拍,首次传回着陆器携带五星红旗的清晰全景照片,"两器"互拍任务圆满结束。(图7-3)

图7-3 "玉兔号"月球车

3.天舟一号货运飞船

中国天舟一号货运飞船和长征七号遥二运载火箭船箭组合体垂直转运的顺利完成,标志着天舟一号飞行任务正式进入发射阶段。对于中国来说,重约13吨、货运能力约为6吨的天舟货运飞船将开启空间站时代的黎明。天舟系列货运飞船充分继承了天宫一号、天宫二号和神舟飞船积累的技术基础,具备为空间站补加推进剂的能力,还具备较长时间的独立自主飞行能力。(图7-4)

图7-4 天舟一号货运飞船

4.量子科学实验卫星"墨子号"

"墨子号"是我国自主研制的世界首颗量子科学实验卫星,于2016年8月16日发射升空,是中科院空间科学先导专项首批科学实验卫星之一。2017年1月18日,"墨子号"在圆

满完成 4 个月的在轨测试任务后,正式交付用户单位使用。(图 7-5)

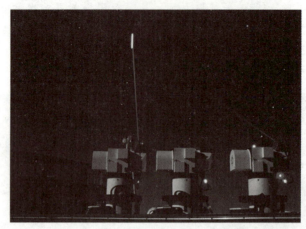

图 7-5　"墨子号"与阿里量子隐形传态实验平台建立天地链路

5. 神舟五号载人飞船

神舟五号载人飞船是神舟系列飞船中的第五艘,是中国首次发射的载人航天飞行器,于 2003 年 10 月 15 日 9 时在酒泉卫星发射中心发射。神舟五号的成功运行标志着中国成为第三个将人类送上太空的国家,是中国航天事业上的又一座里程碑。(图 7-6)

图 7-6　神舟五号发射升空

6."蛟龙号"载人深潜器

"蛟龙号"载人深潜器是中国首台自主设计、自主集成研制的作业型深海载人潜水器,设计最大下潜深度为 7000 米级,是目前世界上下潜能力最深的作业型载人潜水器。"蛟龙号"可在占世界海洋面积 99.8% 的广阔海域中使用,对于我国开发利用深海的资源有着重要的意义。2017 年 5 月 23 日,"蛟龙号"完成在世界最深处下潜,潜航员在水下停留近 9 小时,海底作业时间 3 小时 11 分钟,最大下潜深度 4811 米。(图 7-7)

第七章　学农学工，丰富体验

图 7-7　"蛟龙号"

7. 中国人民解放军海军山东舰

中国人民解放军海军山东舰是中国首艘自主建造的国产航母，基于对苏联库兹涅佐夫号航空母舰、中国辽宁号航空母舰的研究，并由中国自行改进研发而成，是中国真正意义上的第一艘国产航空母舰。（图 7-8）

图 7-8　中国人民解放军海军山东舰

8. 055 型驱逐舰

055 型驱逐舰是我国完全自主研制的新型万吨级驱逐舰，先后突破了大型舰艇总体设计、信息集成、总装建造等一系列关键技术，装备有新型防空、反导、反舰、反潜武器，具有较强的信息感知、防空反导和对海打击能力，是海军实现战略转型发展的标志性战舰。该舰下水标志着我国驱逐舰发展迈上了一个新的台阶。（图 7-9）

图 7-9　055 型驱逐舰

9. 中国海军 372 潜艇

中国海军 372 潜艇在一次战备拉动中紧急出航，潜入大洋，在这期间成功处置重大突发险情，并克服重重困难，圆满完成战备远航任务，创造了中国乃至世界潜艇史上的奇迹，受到了高度褒奖。北京时间 2016 年 9 月 6 日，海军 372 潜艇被中央军委授予"践行强军目标模范艇"荣誉称号。（图 7-10）

图 7-10　中国海军 372 潜艇

10. "海翼"号水下滑翔机

2017 年 3 月 6 日，"海翼"号水下滑翔机刷新世界纪录，最大下潜深度达到 6329 米。（图 7-11）

图 7-11　"海翼"号水下滑翔机

11. 港珠澳大桥

港珠澳大桥总长 55 千米，是连接香港、珠海和澳门的超大型跨海大桥，也是迄今世界最长的跨海大桥。主体工程由 6.7 千米的海底沉管隧道和长达 22.9 千米的桥梁工程组成，隧道两端建有东、西两个人工岛。港珠澳大桥通车后,从香港到珠海、澳门驱车仅需 30 分钟。港珠澳大桥设计寿命为 120 年,可抗 16 级台风、8 级地震及 30 万吨巨轮撞击。(图 7-12)

图 7-12　港珠澳大桥

 劳动故事

全国劳动模范喻乐康:用极致工匠精神打破垄断

他,34 年来始终坚守,突破超大型塔机关键技术瓶颈,打破了国外垄断并实现"中国制造"批量出口;他,在新工艺、新技术的研究领域发扬"工匠精神",推动绿色制造体系建设;他就是中联重科股份有限公司建筑起重机械分公司副总经理、研究员喻乐康。

在日前举行的全国劳动模范和先进工作者表彰大会上,喻乐康荣获"全国劳动模范"称号,这是其继 2013 年获国家科学技术进步奖二等奖、2014 年入选"全国优秀科技工作者""国家百千万人才工程专家"、2015 年获国务院政府特殊津贴专家称号后获得的又一国家级荣誉。(图 7-13)

图 7-13　"全国劳动模范"喻乐康

从1986年起，喻乐康就一直从事塔式起重机的研究工作。超大型塔机是国家重大装备，在大型模块化施工中不可或缺。研制的关键是重载条件下实现超大工作幅度、超大起升高度和安全作业。直到2000年，该技术仍长期被国外垄断，国内重点工程所需塔机依赖进口。

在这样的背景下，喻乐康带领研发团队突破了超大型塔机的技术瓶颈，并形成了成套技术，先后开发了两大系列20余款产品，不少产品打破了行业纪录。这一系列产品既满足了国家经济建设的需求，更促进了中国建筑施工技术的变革和建筑业的发展，同时还打破了国外垄断并批量出口，使得中联重科的塔机市场占有率位居全球第一。

2016年以来，随着中联重科4.0产品战略的实施启动，喻乐康带领研发团队充分把握中联重科并购德国平头JOST技术和WILBERT技术的契机，融合欧洲平头塔机设计技术和理念，陆续开发出T系列4.0高端平头塔机产品，投入市场即成为行业爆款。T系列机型顺利通过欧盟CE认证、新加坡MOM认证，成功进入欧美高端市场，巩固了国内塔机行业在国际市场的地位，带动国内平头塔机的全面升级换代。

2020年11月，中联重科发布了面向世界、具备欧洲技术水平的W二代系列塔机新品，进一步带领中国塔机行业智能升级，助推中国制造高质量发展。

34年里，喻乐康一直坚持着这股劲。正是因为秉持极致的工匠精神，喻乐康在研发道路上收获了丰硕的荣誉成果。他曾获得10余项国家和省部级奖励，2次参与国家科技支撑计划课题；在专业领域，他以第一著作权人的身份出版专著《塔式起重机安全技术》，发表论文18篇，获得专利8项。他也是国家标准《塔式起重机》《塔式起重机设计规范》的主要修订人。

致力于推动中国塔机技术发展的喻乐康，成功融合国际高端技术，在英国、德国等地举办的国际塔式起重机峰会、慕尼黑宝马展会上向世界塔机行业推介中国产品，大大提升了中国品牌的国际影响力。

近年来，随着"绿色经济"的不断倡导，中联重科于2018年牵头承担了"塔式起重机绿色设计与制造一体化平台示范"国家绿色制造系统集成项目。作为技术负责人，喻乐康积极主导绿色设计和制造技术研究开发，在新工艺、新技术的研究领域继续发扬"工匠精神"，推动绿色制造体系建设，力争在行业打造绿色制造标杆。

通过产学研用，喻乐康带领研发团队突破塔式起重机模块化设计技术等绿色设计关键技术，研究塔机绿色智能工厂工艺路线及工艺技术，实现重点产线的产业化集成应用，助推中联重科成功打造塔式起重机绿色数字化工厂，实现塔机从设计到制造过程的智能化和绿色化。

实践活动：提升职业技能水平

当今社会，随着市场经济的飞速发展和企业改革的不断深化，如何提高劳动者的劳动技能已经成为一个迫切的课题。党和政府高瞻远瞩，在全国范围内开展职业技能提升行动，其重点在于充分发挥职业技能培训稳就业、促创业和提升劳动者技能素质及就业能力的重要作用，适应就业创业和企业发展需求，进一步服务经济社会发展。通过职业技能提升，扩大就业、稳定社会，为高新技术产业和新基建建设培养和提供更多人才，精准发力，推动经济高质量发展。

职业技能培训三大要素：培训教师是主体，培训学员是中心，培训教材是实质。为了培养学生的职业技术、劳动意识和劳动能力，应从这三个要素入手，进一步提升其职业技能水平。

请同学们来讨论职业技能提升培训方案如何撰写、如何实施，如何获取证明职业技能水平的资格证书。

本次活动打造的职业技能培训提升计划，需经过精心组织策划，撰写提升方案，与企业进行合作，利用寒暑假定期到企业进行实践，使学生真正体验到职业技能水平的重要性。职业技能培训起到纽带作用，使在校生对职业技能劳动教育工作有一定的认识与了解，同时让同学们更深刻地了解劳动的重要性，提高同学们参加职业技能培训的积极性，全面提升劳动者就业创业能力。

活动目标：

（1）能尊重职业技能培训这个劳动教育过程，把职业技能培训作为保持就业稳定、缓解结构性就业矛盾的关键举措。

（2）能正确看待职业技能培训提升，通过参加这个提升活动，提高自己的职业技能水平和劳动能力。

（3）能通过有针对性和实效性的职业技能培训，拓宽毕业生就业渠道，全面提升劳动者就业创业能力。

活动内容：

（1）自己目前有什么职业技能？需要在哪方面进行提升？试着撰写一下提升方案。

①调研职业技能证书和标准。

学校专业设置不同，从事岗位也就不同。利用节假日、寒暑假对学校所在地的相关大中型企业进行调研，汇总所在专业岗位要求、所需职业能力、职业资格证书。清楚具备怎样的职业技能、职业证书和经历过怎样的劳动教育过程，才可胜任此岗位。（图7-14）

图7-14 职业技能证书

②撰写职业技能培训提升方案。

除平时上课学习外，要对学校或者校外机构线上职业技能培训有初步的认识，加深对自己职业技术能力的认识，多参加培训，了解职业技能资格标准和考取证书所需的知识。根据自己的实际情况，撰写职业技能培训提升方案，使自己的职业技能水平尽快提升，为考取职业资格证书做准备。

(2)根据撰写的提升方案,分角色实施。

培训教师:培训教师是组织职业技能培训的主体,充分调动培训教师的积极性是搞好职业培训的重要前提。

培训学员:学员是培训的受众和中心,培训的成果最终要体现在学员的技能提升上。培训学员范围广泛、水平不同,必须根据培训对象开展不同的培训;培训后的结果不单单体现在学习成绩上,更需要专门的技能评价,并应能直接促进其职业发展。

培训教材:高质量的培训必须有高质量的教材做保障,当前培训市场教材使用混乱,严重影响培训质量。应全面推行企业新型学徒制、现代学徒制培训。企业新型学徒制培训教材由三类教材即通用素质类教材、专业基础类教材和操作技能类教材组成,并配套开发数字课程和教学资源。

(3)考取职业资格证书。

职业资格与职业劳动的具体要求密切结合,更直接、更准确地反映了特定职业的实际工作标准和操作规范,以及劳动者从事该职业所达到的实际工作能力水平。

开展职业技能鉴定,推行职业资格证书制度,是落实党中央、国务院提出的"科教兴国"战略方针的重要举措,也是我国人力资源开发的一项战略措施。这对于提高劳动者素质、促进劳动力市场的建设以及深化国有企业改革、促进经济发展都具有重要意义。

活动评价(表7-2):

表7-2 提升职业技能水平活动评价表

序号	活动内容	分值	自评	互评	师评
1	调研职业技能证书和标准	20			
2	撰写职业技能培训提升方案	30			
3	考取职业资格证书的计划	20			
4	撰写参加此次活动的感悟	30			
	合计	100			

活动思考:

(1)上网查一个与自己专业相关的职业资格证书,了解初级资格考试的申报要求、考试大纲、教材,鉴定考试需要哪些理论知识和技能知识,记录下来。

(2)根据初级资格要求,目前自己仍需要在哪些方面做出努力?

第八章 知行合一,全面发展

第一节 实习实训

学习目标

1. 了解实习与实训的含义和具体内容。
2. 领悟实习实训的意义。
3. 参与岗位实习实践活动,体验劳动乐趣。

知识链接

实习实训的最终目的是全面提高学生的职业素质,最终达到学生满意就业、企业满意用人的目的。合理的实习实训教育本应该是大学教育的一个重要组成部分,但现在却成了社会培训机构、企业内训的责任。实习实训教学是有一定理论基础的学员,在拥有多年实战经验的商务(职业)教练的指导下,在真实条件下,最终达到企业的用人要求,并获得国家认可的职业资格证书的过程。

知识点1:实习的含义

实习,顾名思义,就是在实践中学习。在经过一段时间的学习之后,或者说当学习告一段落的时候,我们需要了解自己的所学需要或应当如何应用在实践中。因为任何知识源于实践,归于实践,所以要付诸实践来检验所学。实习一般包括大学里的学生的实习和公司里安排的员工实习。

知识点2:实训的含义

实训,即"实习(践)"加"培训"。实训是职业技能实际训练的简称,是指在学校控制状态下，按照人才培养规律与目标，对学生进行职业技术应用能力训练的教学过程。

实训具体包括以下内容：

(1)从时空上分，有校内实训和校外实训，包括教学见习、教学实训和生产实训。

(2)从形式上分，有技能鉴定达标实训和岗位素质达标实训，包括通用技能实训和专项技能实训。

(3)从内容上分，有动手操作技能实训和心智技能实训，包括综合素质要求(创业和就业能力统称跨岗位能力)实训。

知识点3：实习实训的目标

(1)努力体现真实的职业环境。学校在安排、布置实训场所时，应避免采用实验室的框架，学生使用的装备、工具尽可能贴近职业真实场景。

(2)强调实训项目的功能应用性和工艺规范性。学校在设计实训项目时应明显区别于实验。如电工实验，一般采用软导线连接，测量线路中的相关物理量，以验证某个定理或公式的正确性。

(3)加强技能操作训练。中职学生的实训课程不能仅限于对某项技能的了解、知晓，而应该对主要技能达到独立操作和熟练的水平。这就需要有一定量的积累，最好能设计、选择某些典型产品的工艺过程。

(4)采用模拟仿真软件，提高实训项目的适用性和经济性。随着电子信息技术的发展，很多行业的技术岗位已采用了数字化、软件化技术，如电路板的设计与制作、工业控制器的应用、数控机床、加工中心的运作等。因此采用各类相关软件对学生进行职业训练是必要的。同时采用实用软件或模拟仿真系统至少有下列优点：①节约经费。一个数控机床仿真软件一万人民币左右，而一台国产的数控机床至少也要10多万元。②减少占地空间。一个电子线路设计自动化的软件只需电脑及工作台，软件中可仿真大量先进的测量仪器设备、器件和元件，无须空间堆放。③对使用大型重装备设施的实训项目，采用软件系统或仿真运行后再使用实物系统，既能避免设施的损坏，更能有效保护师生的人身安全。④有利于学生创新和自信心的提高。一道数控加工工序可由不同的程序完成，一个电子产品的功能可由不同的线路来实现，采用仿真、模拟软件既能较快证明学生这些不同构思(却有异曲同工之妙)的可行性，同时也能补充教师本身的局限性。

(5)构思创新型的实训项目，提高实训的科技含量。高职学生的实训应区别于中职倚重动作技能的训练。如设计数控机床调试和维护的实训，我们可随意把机床置于某种状态或设置某些故障，让学生按一定的要求恢复；又如电子产品的测试和剖析，我们可要求学生根据输入、输出物理量的变化，辨识系统内部的线路结构。这些创新型实训项目的设计，有利于学生手脑并用，均衡发展。(图8-1)

第八章 知行合一,全面发展

图 8-1 学生参加专业技能实训

 知识延伸

职业技能竞赛

1. 全国职工职业技能大赛

关于劳动的竞赛活动,影响最大的是全国职工职业技能大赛,这是国家一类技能比赛当中规模最大的比赛,由中华全国总工会、科学技术部、人力资源和社会保障部、工业和信息化部共同举办。全国总工会将授予各工种决赛前三名选手"全国五一劳动奖章";人力资源和社会保障部将授予前5名选手"全国技术能手"称号,并直接晋升技师职业资格,已具有技师职业资格的,可晋升高级技师职业资格。第6~20名的选手,可直接晋升高级工职业资格,已具有高级工职业资格的,可晋升技师职业资格。决赛前20名的选手将获得不同数额的奖金。

2. 全国职业院校技能大赛

全国职业院校技能大赛,是由教育部发起并牵头,联合国务院有关部门以及有关行业、人民团体、学术团体和地方共同举办的一项公益性、全国性职业院校学生综合技能竞赛活动。每年举办一届,截至2020年已举办10届,分中职、高职、学生组、教师组分别比赛。这是专业覆盖面最广、参赛选手最多、社会影响最大、联合主办部门最全的国家级职业院校技能赛事。

3. 全国技能大赛

第一届全国技能大赛(全称为中华人民共和国职业技能大赛)面向所有技能人才,凡16周岁以上、法定退休年龄以内的中国大陆公民都可参赛,比赛分世赛选拔项目和国赛精选项目,按属地原则报名参赛,由人力资源和社会保障部举办。第一届全国技能大赛于2020年12月10日至13日在广州举行。全国技能大赛对接世界技能大赛,为获奖选手颁发奖牌,并给予重金奖励,引领各地、各行业不断提升技能竞赛工作规模和质量,打造新时代全国性综合职业技能竞赛新品牌。

4. 世界技能大赛

世界技能大赛是迄今全球地位最高、规模最大、影响力最大的职业技能竞赛,被誉为"世界技能奥林匹克",其竞技水平代表了职业技能发展的世界先进水平,是世界技能组织成员展示和交流职业技能的重要平台。世界技能大赛由世界技能组织举办,每两年一届,截至2020年已成功举办45届。

知识延伸

关于征集中华人民共和国第一届职业技能大赛"中华绝技"展演项目的公告

为深入贯彻落实习近平总书记对技能人才工作的重要指示精神,2020年12月,人力资源和社会保障部将在广东省广州市举办中华人民共和国第一届职业技能大赛(以下简称第一届全国技能大赛)。大赛期间,将组织开展"中华绝技"展演活动。现面向全社会公开征集"中华绝技"展演项目。

一、活动内容和工作安排

1. 活动内容

面向社会各界公开征集职业技能类绝技绝活,吸引全民参与,扩大社会影响力,展现各行业、各领域有特色、有代表性的绝技绝活项目。

2. 工作安排

本次活动由第一届全国技能大赛组委会和执委会共同组织实施,分四个阶段进行:

①项目征集。从即日起面向社会公开征集、制作技能绝技短视频,由组委会组织媒体代表、专家初选出40个优秀展播项目。

②网上展播(10月中旬至11月下旬)。在央视频、抖音、技能大师在线培训平台等媒体

展播,经媒体代表、专家评审和观众线上投票,评选出内容新颖、技艺精湛、可视性强的20个优秀展播项目入围现场展演。

③现场展演(12月中旬)。在第一届全国技能大赛全国总决赛现场展演20个优秀展播入围项目,并在央视频、抖音、技能大师在线培训平台等媒体进行网络直播。通过媒体、企业代表和专家现场打分、现场观众投票以及网民线上投票,综合评选出"最受欢迎的中华十大绝技"。

④表演颁奖(12月中旬)。在第一届全国技能大赛闭幕式上,揭晓"最受欢迎的中华十大绝技",并为获奖项目颁发证书。

二、技术要求

视频拍摄由推荐单位和个人组织制作,具体要求如下:

①格式。MOV格式或者MP4格式。

②分辨率。拍摄高清分辨率(1920×1080)的视频(如用手机拍摄,要采取横向拍摄)。

③时长。时长控制在3~5分钟,并附项目的文字说明(3000字以内)。

④取景。使用定向防噪声麦克风,确保视频内没有噪声(如风声、无关人员说话声、手机铃声等)。

⑤光线。在室外拍摄,以自然光为主(避免阳光非常强的场景);在室内拍摄,可打灯拍摄。

⑥设备。使用高分辨率摄影机拍摄,并辅助使用三脚架等固定设备。

⑦其他。展演项目应采用无毒无害、可循环利用的环保材料。其中,主体框架采用型材(钢结构、铝型材)和节能环保等器材及材料,不产生特装板材垃圾。展演现场不使用明火,不使用汽油、柴油、酒精、烟花等易燃、易爆物品。

三、注意事项

①本次活动由第一届全国技能大赛组委会主办,拥有活动最终解释权。

②所有收到的应征作品(视频)不予退还,应征作品创作者需要自留底稿。

③应征作品(视频)的著作权受中国相关法律保护,需符合国家相关法律法规要求且保证完整性,完全原创,无剽窃行为。因抄袭引起任何纠纷均由作者本人负责。所有获奖作品,除署名权之外的一切知识产权归活动主办方所有。主办方有权对获奖作品进行任何形式的使用、开发、修改、授权、许可或保护以及进行著作权登记等活动。

实践活动:岗位实习

活动目标:

(1)熟悉职业岗位工作,了解工作实践要求,掌握岗位工作劳动技巧。

(2)将知识转化为成熟的技能,会应用创新思维开展劳动。

(3)有效提升职业素养及职业技能,缩短岗位适应期,为将来岗位就业及岗位技能劳动打下坚实的基础。

活动内容:

1.活动准备

学校联系或自行联系假期岗位实习的企业,以专业对口为基本原则进行对接,确保课堂所学知识能在假期岗位实习中得到有效的应用和锻炼。

2. 活动流程

(1)体验与适应岗位职业工作。

(2)体验企业岗位工作角色。

(3)利用所学知识创新开展企业生产劳动。

(4)掌握企业对人才与技术的需求。

(5)掌握实习岗位技术技能。

(6)撰写实习报告及评价。

同学们要通过实习实践了解职业岗位工作的特点、性质,学习体验职业岗位工作的实际情况,学习与积累工作经验,为毕业后上岗做好岗前准备。

一是巩固、联系、充实、加深和扩大所学知识基础理论和专业知识。二是运用所学知识解决实际问题。三是敢于创新,运用独创精神和科学的态度开展岗位劳动。四是掌握工作的流程和方法。五是培养利用信息化工具提高工作效率的能力。六是养成严肃认真、刻苦钻研、实事求是的工作作风。

中职学生因专业不同,所以利用暑假实习的岗位有所不同,所参与的实习劳动任务也不尽相同。但大致分为如下劳动任务阶段。

第一阶段是搜集资料,了解岗位劳动任务,了解企业发展历史。

第二阶段是参观企业,考察调研,实现对所属岗位劳动的全面认知。

第三阶段是实践摸索,由相关工作人员引导参与实践劳动,并分配相关劳动任务。

第四阶段是独立工作,用自己所学知识和他人的有效正确指导开展生产劳动,在劳动中融入创新,在劳动中融入所学。此阶段要熟练掌握岗位工作所需的技术和技能。

第五阶段是岗位实习总结,从明确岗位工作、适应角色转换、明确企业对人才与技术的需求、掌握岗位技术技能、用所学知识创新开展企业生产劳动等方面总结梳理。

活动评价(表8-1):

表8-1 岗位实习活动评价表

序号	活动内容	分值	自评	互评	师评
1	听从企业管理者指挥,不迟到,不早退;按要求和规定完成岗位实习任务	15			
2	服从管理者及组长的安排,积极与团队合作	15			
3	深入感受活动教育内涵并在讨论中表达自己的教育感受,在实践劳动中创新	15			
4	深度融入劳动过程,能够从劳动过程中总结经验并将经验分享	15			

续表

序号	活动内容	分值	自评	互评	师评
5	撰写岗位实习的收获与感悟，撰写实践后的职业规划、学习和生活劳动计划	40			
	合计	100			

活动思考：

(1)在岗位实习过程中是否按照岗位要求开展工作？

(2)在岗位实习过程中是否将所学知识转化为生产力并加以创新？

(3)今后将如何对待岗位实习与职业发展的关系？

第二节 假期兼职

·学习目标·

1. 了解假期兼职的意义和具体内容。
2. 掌握寻找兼职工作的途径和方法。
3. 参与社会兼职实践活动，勤工助学，体验劳动乐趣。

知识链接

知识点：获得兼职工作的方法

中职学生假期兼职应该怎么找？在校学生因为没接触社会，希望能通过假期兼职的实践活动来增长自己的见识。在中职学生假期兼职这个问题上，有些学生找到了合适的兼职，而有些学生却上当受骗。所以，中职学生假期找兼职还是要多注意一下。寻找兼职的方法总结如下：

（1）根据自己的专业和喜好选择兼职类型。有很多企业愿意接收假期兼职的学生，所以兼职的类型有很多，如餐饮类的、派单类的、电脑类的等。总之，应选择自己专业对口的会比较好。（图 8-2、图 8-3）

图 8-2 兼职家教

（2）优先选择学校组织安排的兼职。学校能组织做的兼职一般不会出现扣工资的现象。

（3）咨询师兄、师姐是否有兼职的信息。学校的师兄、师姐已经毕业走上工作岗位，说不定在师兄师姐的公司里就有兼职的工作。

图 8-3 兼职超市收银员

（4）网络找兼职要谨慎。有些网站或公司很了解学生暑假找兼职的心态，他们设置了种种的关卡收取兼职学生的费用，如注册费、服装费、培训费、考试费等。所有要交钱才能工作的兼职都不要相信。

（5）兼职面试时要问清工资待遇等情况，不要觉得谈到钱不好意思。这是自己的权力，用自己劳动换来的钱，一定要了解清楚。

（6）做兼职可不是在学校，从做兼职的第一天起，就得做好按时上下班的准备，有些工作枯燥无聊，要有坚持到底的精神。工作是日复一日的，下班后要注意休息，保证第二天能精力充沛地去工作。

 知识延伸

1. 我国法律、法规对未成年人的保护

（1）《禁止使用童工规定》。

为保护未成年人的身心健康，国务院令第 364 号公布了《禁止使用童工规定》，禁止用人单位招用不满 16 周岁的未成年人。

其中，第二条规定，国家机关、社会团体、企业事业单位、民办非企业单位或者个体工商户（以下统称用人单位）均不得招用不满 16 周岁的未成年人（招用不满 16 周岁的未成年人，以下统称使用童工）。禁止任何单位或个人为不满 16 周岁的未成年人介绍就业。禁止不满 16 周岁的未成年人开业从事个体经营活动。

第三条规定，不满 16 周岁的未成年人的父母或者其他监护人应当保护其身心健康，保障其接受义务教育的权利，不得允许其被用人单位非法招用。不满 16 周岁的未成年人的父母或者其他监护人允许其被用人单位非法招用的，所在地的乡（镇）人民政府、城市街道办事处以及村民委员会、居民委员会应当给予批评教育。

第十三条规定，学校、其他教育机构以及职业培训机构按照国家有关规定组织不满 16

周岁的未成年人进行不影响其人身安全和身心健康的教育实践劳动、职业技能培训劳动,不属于使用童工。

(2)《未成年工特殊保护规定》。

第一条　为维护未成年工的合法权益,保护其在生产劳动中的健康,根据《中华人民共和国劳动法》的有关规定,制定本规定。

第二条　未成年工是指年满十六周岁,未满十八周岁的劳动者。

未成年工的特殊保护是针对未成年工处于生长发育期的特点,以及接受义务教育的需要,采取的特殊劳动保护措施。

第三条　用人单位不得安排未成年工从事以下范围的劳动:

①《生产性粉尘作业危害程度分级》国家标准中第一级以上的接尘作业;

②《有毒作业分级》国家标准中第一级以上的有毒作业;

③《高处作业分级》国家标准中第二级以上的高处作业;

④《冷水作业分级》国家标准中第二级以上的冷水作业;

⑤《高温作业分级》国家标准中第三级以上的高温作业;

⑥《低温作业分级》国家标准中第三级以上的低温作业;

⑦《体力劳动强度分级》国家标准中第四级体力劳动强度的作业;

⑧矿山井下及矿山地面采石作业;

⑨森林业中的伐木、流放及守林作业;

⑩工作场所接触放射性物质的作业;

⑪有易燃易爆、化学性烧伤和热烧伤等危险性大的作业;

⑫地质勘探和资源勘探的野外作业;

⑬潜水、涵洞、涵道作业和海拔三千米以上的高原作业(不包括世居高原者);

⑭连续负重每小时在六次以上并每次超过二十千克,间断负重每次超过二十五千克的作业;

⑮使用凿岩机、捣固机、气镐、气铲、铆钉机、电锤的作业;

⑯工作中需要长时间保持低头、弯腰、上举、下蹲等强迫体位和动作频率每分钟大于五十次的流水线作业;

⑰锅炉司炉。

2.感恩于心,回报于行

用自己赚取的劳动报酬为父母或其他亲人选一件礼物,写上自己的赠言,表明对他们支持帮助自己的感恩之情,分享自己收获的喜悦。

 实践活动:假期兼职

活动目标:

(1)理解假期兼职的意义。

(2)通过假期兼职得到劳动锻炼,磨砺思想意识,增强社会认识。

(3)掌握实践技巧,提升实践能力,积累实践经验。

活动内容：

1. 活动准备

假期兼职是一个大的趋势，具体如何去做还需要根据自己的实际经济状况、学业情况，并兼顾近期利益与长远利益来确定。

2. 活动流程

(1)协助老师参与研究。

这是名副其实的"兼职"，可以利用自己的专业和专长来协助老师进行科学研究，并赚取一定的劳务费。由于学生的科研能力还处于较低的水平，所以往往只有个别优秀学生才能有此"殊荣"。

(2)做家教。

这是最为普遍的办法，而且大多数学生愿意选择这种方式。

(3)到企业或公司打工。

许多学生在假期中到公司里面集中工作一两个月，虽然辛苦一些，但收入较多。

(4)做兼职。

学生还可以利用业余的时间做兼职工作，如导购、餐厅服务、市场调查、商品直销等。

选择好相应假期兼职项目后便可以开始参与兼职实践。劳动过程中需要将创新与创造能力融入，创造性地开展兼职工作。项目结束后，请撰写假期兼职的社会实践报告，并将自己的经验分享给其他人。

提示：要注意不同工作的安全操作要求，按照不同工作的安全规范要求时刻做好安全防范，不断提升自我安全意识。

活动评价(表8-2)：

表8-2 假期兼职活动评价表

序号	活动内容	分值	自评	互评	师评
1	按要求和规定完成假期兼职各项实践任务	15			
2	服从管理者及组长的安排，积极与团队合作	15			
3	深入感受活动教育内涵并在讨论中表达自己的教育感受，在实践劳动中创新	15			
4	深度融入劳动过程，能够从劳动过程中总结经验并将经验分享	15			
5	撰写假期兼职社会实践的收获与感悟，撰写实践后的职业规划、学习和生活劳动计划	40			
	合计	100			

活动思考：

(1)在参与假期兼职社会实践时，有没有因任务完成得不好而没能得到相应报酬的情况？深入思考一下这是为什么。

(2)假期兼职社会实践中最困难的经历是什么？你是如何坚持并做好的？

第九章 政策暖心，求学无忧

第一节 资助政策体系，助力圆梦

> **学习目标**
> 1. 了解国家资助贫困学生的政策。
> 2. 测试自己的职业兴趣，明确从业方向。
> 3. 努力学习，提高自身专业技能，服务社会。

 知识链接

党中央、国务院始终高度重视家庭经济困难学生的资助工作。多年以来，特别是党的二十大以来，按照党中央、国务院的决策部署，在各方面的共同努力下，我国已建立起覆盖学前教育至研究生教育的、具有中国特色的学生资助政策体系。

 知识点：资助贫困学生（中等职业教育学生）的政策

以国家奖学金、国家助学金和免学费为主，地方政府资助、学校和社会资助等为补充：

（1）国家奖学金。国家对全日制中等职业学校二年级（含）以上学生中学习成绩优异、技能表现突出的学生进行奖励，每年奖励2万名学生，奖学金标准每生每年6000元。

（2）国家助学金。资助中等职业学校全日制学历教育正式学籍一、二年级在校涉农专业学生和非涉农专业家庭经济困难学生。平均资助标准每生每年2000元。六盘山区等11个连片特困地区和西藏、四省藏区、新疆南疆四地州中等职业学校农村学生（不含县城）全部纳入享受国家助学金范围。

（3）免学费。对中等职业学校全日制学历教育正式学籍一、二、三年级在校生中所有农村（含县镇）学生、城市涉农专业学生和家庭经济困难学生，民族地区学校就读学生和戏曲表演专业学生（其他艺术类相关表演专业学生除外）免除学费。

（4）地方政府资助。在落实国家奖学金、国家助学金和免学费政策的基础上，部分地区出台地方性奖学金、助学金、免学费等政策。

（5）学校资助。中等职业学校从事业收入中提取一定比例的经费，用于学费减免、校内奖助学金、特殊困难补助和勤工助学等。

（6）社会资助。社会团体、企事业单位及个人面向中等职业学校学生设立奖学金、助学金等。

实践活动：绘制职业梦想

每个人都有自己的职业梦想，有的人想从事教育行业，有的人想做一名大国匠人……这些职业梦想的实现都要靠不断努力学习而实现。

活动目标：
(1)了解自身的优缺点，选择适合自己的职业发展方向。
(2)绘制自己的职业梦想图。
(3)明确今后的学习努力方向，靠近自己的职业梦想。

活动内容：
通过测试、评估自我等方法，找到适合自己的职业方向。

活动测试：

【测试说明】请根据自己的实际情况对以下问题作答，不要花时间去揣摩答案。回答时如果符合，得 1 分；不符合，得 0 分，回答结束后将分数填入表 9-1。

1. 我喜欢不时地夸耀一下自己取得的成就。1(　　) 0(　　)
2. 在工作中我喜欢独自筹划，不愿受别人干涉。1(　　) 0(　　)
3. 我喜欢在做事情前对事情做出细致的安排。1(　　) 0(　　)
4. 我喜欢做广告、音乐、歌舞等方面的工作。1(　　) 0(　　)
5. 每次写信我都要反反复复，不能一挥而就。1(　　) 0(　　)
6. 我经常不停地思考某一问题，直到想出正确的答案。1(　　) 0(　　)
7. 我喜欢小心谨慎地做每一件事。1(　　) 0(　　)
8. 我喜欢抽象思维的工作，不喜欢动手的工作。1(　　) 0(　　)
9. 我喜欢成为人们注意的焦点。1(　　) 0(　　)
10. 良好的人际关系对我来说非常重要。1(　　) 0(　　)
11. 在集体讨论中，我常常积极主动，表现活跃。1(　　) 0(　　)
12. 当我一人独处时，会感到不舒服。1(　　) 0(　　)
13. 我曾经渴望有机会参加探险。1(　　) 0(　　)
14. 我喜欢修理机械的工作。1(　　) 0(　　)
15. 我不喜欢参加各种各样的聚会。1(　　) 0(　　)
16. 我喜欢说服别人依计划行事。1(　　) 0(　　)
17. 音乐能使我陶醉。1(　　) 0(　　)
18. 我办事总是瞻前顾后。1(　　) 0(　　)
19. 我喜欢经常请示上级。1(　　) 0(　　)
20. 我喜欢需要运用智力的游戏。1(　　) 0(　　)
21. 那种需要持续集中注意力的工作我很容易做到。1(　　) 0(　　)
22. 我喜欢亲自动手制作一些东西，并从中得到乐趣。1(　　) 0(　　)

23. 我的动手能力很强。1(　) 0(　)
24. 和不熟悉的人交谈对我来说毫不困难。1(　) 0(　)
25. 和别人谈判时,我不轻易放弃自己的观点。1(　) 0(　)
26. 我很容易结识同性别的朋友。1(　) 0(　)
27. 对于社会问题,我很少持中庸的态度。1(　) 0(　)
28. 当我开始做一件事情后,碰到再多的困难,我也要执着地做下去。1(　) 0(　)
29. 我是一个沉静而不易动感情的人。1(　) 0(　)
30. 当我工作时,我喜欢避免干扰。1(　) 0(　)
31. 我的理想是当一名科学家。1(　) 0(　)
32. 与推理小说相比,我更喜欢言情小说。1(　) 0(　)
33. 我有时候太倔强,明明知道对方是对的,也要和他们对着干。1(　) 0(　)
34. 我爱幻想。1(　) 0(　)
35. 我总是主动地向别人提出自己的建议。1(　) 0(　)
36. 我喜欢使用锤子一类的工具。1(　) 0(　)
37. 我乐于解除别人的痛苦。1(　) 0(　)
38. 我愿意冒一点险以求进步。1(　) 0(　)
39. 我喜欢按部就班地完成工作。1(　) 0(　)
40. 我不希望经常换不同的工作。1(　) 0(　)
41. 我总留有充裕的时间去赴约会。1(　) 0(　)
42. 我喜欢阅读自然科学方面的书籍和杂志。1(　) 0(　)
43. 如果掌握一门手艺,并能以此为生,我会感到非常满意。1(　) 0(　)
44. 我不希望当一名汽车司机。1(　) 0(　)
45. 听到别人说"家中被盗"一类的事,我会感到同情。1(　) 0(　)
46. 如果待遇相同,我宁愿当商品推销员,而不愿当图书管理员。1(　) 0(　)
47. 我喜欢跟各类机械打交道。1(　) 0(　)
48. 我小时候经常把玩具拆开,把里面看个究竟。1(　) 0(　)
49. 当接受一项新任务后,我喜欢以自己独特的方法去完成它。1(　) 0(　)
50. 我有文艺方面的天赋。1(　) 0(　)
51. 我喜欢把一切安排得整整齐齐、井井有条。1(　) 0(　)
52. 我喜欢做一名教师。1(　) 0(　)
53. 在大家面前,我总能找到恰当的话来说。1(　) 0(　)
54. 看情感影片时,我常常禁不住眼圈湿润。1(　) 0(　)
55. 我喜欢学物理。1(　) 0(　)
56. 在实验室里独自做实验会令我很高兴。1(　) 0(　)
57. 对于急躁、爱发脾气的人,我仍能以礼相待。1(　) 0(　)
58. 遇到难解答的问题时,我常常能坚持到底。1(　) 0(　)
59. 大家公认我是一名勤劳踏实、愿为大家服务的人。1(　) 0(　)
60. 我喜欢在人事部门工作。1(　) 0(　)

表 9-1　得分汇总表

人格类型	对应的题号及得分	合计得分
实际型(R)	2(　)　3(　)　4(　)　22(　)　23(　) 36(　)　43(　)　44(　)　47(　)　48(　)	
常规型(C)	5(　)　7(　)　18(　)　19(　)　29(　) 39(　)　40(　)　41(　)　51(　)　57(　)	
企业型(E)	11(　)　13(　)　16(　)　24(　)　25(　) 28(　)　35(　)　38(　)　46(　)　60(　)	
社会型(S)	10(　)　12(　)　15(　)　26(　)　27(　) 37(　)　45(　)　52(　)　53(　)　59(　)	
研究型(I)	6(　)　8(　)　20(　)　21(　)　30(　) 31(　)　42(　)　55(　)　56(　)　58(　)	
艺术型(A)	1(　)　4(　)　9(　)　17(　)　32(　) 33(　)　34(　)　49(　)　50(　)　54(　)	
得分最高的3项	①　　②　　③	
得分最低的3项	①　　②　　③	

测试分析：

测试完毕后，计算得分最高的三种类型，并按分数高低依次排列，此排列便是你的霍兰德职业兴趣编码。据此编码对照表 9-2，便可查找出与自己性格匹配度较高的职业。当然，这个测试只是对自身局部的探索，要想进一步明确职业方向，还需要在此基础上综合其他方面的能力，通过学习和实践来进一步明确。

表 9-2　职业兴趣——类别索引表

编码	对应的职业类别
RIA	牙科技术员、陶工、建筑设计员、模型工、细木工、制作链条人员
RIS	厨师、林务员、跳水员、潜水员、染色员、电器修理工、眼镜制作人员、电工、纺织机器装配工、服务员、装玻璃工人、发电厂工人、焊接工
RIE	建筑和桥梁工程、环境工程、航空工程、公路工程、电力工程、信号工程、电话工程、一般机械工程、自动工程、矿业工程、海洋工程、交通工程技术人员、制图员、家政经济人员、计量员、农民、农场工人、农业机械操作员、清洁工、无线电修理工、汽车修理工、手表修理工、管工、线路装配工、工具仓库管理员
RIC	船上工作人员、接待员、杂志保管员、牙医助手、制帽工、磨坊工、石匠、机器制造人员、机车(火车头)制造人员、农业机器装配工、汽车装配工、缝纫机装配工、钟表装配和检验员、电动器具装配员、鞋匠、锁匠、货物检验员、电梯机修工、托儿所所长、钢琴调音员、装配工、印刷工、钢铁工人、卡车司机

续表

编码	对应的职业类别
RAI	手工雕刻人员、玻璃雕刻人员、制作模型人员、家具木工、制作皮革晶人员、手工绣花人员、手工钩针纺织人员、排字工作人员、印刷工作人员、图画雕刻人员、装订工
RSE	消防员、交通巡警、警察、门卫、理发师、房间清洁工、屠夫、锻工、开凿工人、管道安装工、出租汽车驾驶员、货物搬运工、送报员、勘探员、娱乐场所服务员、起卸机操作工、灭害虫者、电梯操作工、厨房助手
RSI	纺织工、编织工、农业学校教师、某些职业课程（诸如艺术、商业、技术、工艺课程）教师、雨衣上胶工
REC	抄水表员、保姆、实验室动物饲养员、动物管理员
REI	轮船船长、航海领航员、大副、实验员
RES	旅馆服务员、家畜饲养员、渔民、渔网修补工、水手长、收割机操作工、搬运行李工人、公园服务员、救生员、登山导游、火车工程技术员、建筑工人、铺轨工人
RCI	测量员、勘测员、仪表操作者、农业工程技术人员、化学工程技师、民用工程技师、石油工程技师、资料室管理员、探矿工、煅烧工、烧窑工、矿工、保养工、磨床工、取样工、样品检验员、纺纱工、炮手、漂洗工、电焊工、锯木工、刨床工、制帽工、手工缝纫工、油漆工、染色工、按摩工、术匠、农民建筑工、电影放映员、勘测员助手
RCS	公共汽车驾驶员、水手、游泳池服务员、裁缝、建筑工人、石匠、烟囱修建工、混凝土工、电话修理工、爆破手、邮递员、矿工、裱糊工人、纺纱工
RCE	打井工、吊车驾驶员、农场工人、邮件分类员、铲车司机、拖拉机司机
IAS	普通经济学家、农业经济学家、财政经济学家、国际贸易经济学家、实验心理学家、工程心理学家、哲学家、内科医生、数学家
IAR	人类学家、天文学家、化学家、物理学家、医学病理研究人员、动物标本制作者、化石修复者、艺术品管理者
ISE	营养学家、饮食顾问、火灾检查员、邮政服务检查员
ISC	侦察员、电视播音室修理员、电视修理服务员、验尸室人员、医学检验技师、调查研究者
ISR	水生生物学者、昆虫专家、微生物学家、配镜师、矫正视力者、细菌学家、牙科医生、骨科医生
ISA	实验心理学家、普通心理学家、发展心理学家、教育心理学家、社会心理学家、临床心理学家、皮肤病专家、精神病专家、妇产科医师、眼科医生、五官科医生、医学实验室技术专家、民航医务人员、护士
IES	细菌学家、生理学家、化学专家、地质专家、物理学专家、纺织技术专家、医院药剂师、工业药剂师、药房营业员
IEC	档案保管员、保险统计员

续表

编码	对应的职业类别
ICR	质量检验技术员、地质学技师、工程师、法官、图书馆技术辅导员、计算机操作员、医院听诊员、家禽检查员
IRA	地理学家、地质学家、声学物理学家、矿物学家、古生物学家、石油学家、地震学家、声学物理学家、原子和分子物理学家、电学和磁学物理学家、气象学家、设计审核员、人口统计学家、数学统计学家、外科医生、城市规划家、气象员
IRS	流体物理学家、物理海洋学家、等离子体物理学家、农业科学家、动物学家、食品科学家、园艺学家、植物学家、细菌学家、解剖学家、动物病理学家、作物病理学家、药物学家、生物化学家、生物物理学家、细胞生物学家、临床化学家、遗传学家、分子生物学家、质量控制工程师、地理学家、兽医、放射性治疗技师
IRE	化验员、化学工程师、纺织工程师、食品技师、渔业技术专家、材料和测试工程师、电气工程师、土木工程师、航空工程师、行政官员、冶金专家、原子核工程师、陶瓷工程师、地质工程师、电力工程师、口腔科医生、牙科医生
IRC	飞机领航员、飞行员、物理实验室技师、文献检查员、农业技术专家、动植物技术专家、生物技师、油管检查员、工商业规划者、矿藏安全检查员、纺织品检验员、照相机修理者、工程技术员、计算机程序员、工具设计者、仪器维修工
CRI	簿记员、会计、记时员、铸造机操作工、打字员、按键操作工、复印机操作工
CRS	仓库保管员、档案管理员、缝纫工、讲述员、收款人
CRE	标价员、实验室工作者、广告管理员、打字机操作员、电动机装配工、缝纫机操作工
CIS	记账员、顾客服务员、报刊发行员、土地测量员、保险公司职员、会计师、估价员、邮政检查员、外贸检查员
CIE	打字员、统计员、支票记录员、订货员、校对员、办公室职员
CIR	校对员、工程职员、检修员
CSE	接待员、通信员、电话接线员、旅馆服务人员、私人职员、商学教师、旅游办事员
CSR	运货代理商、铁路职员、交通检查员、办公室通信员、簿记员、出纳员、银行财务职员
CSA	秘书、图书管理员、办公室办事员
CER	邮递员、数据处理员、办公室办事员
CEI	推销员、经济分析家
CES	银行会计、记账员、法人秘书、速记员、法院报告人
ECI	银行行长、审计员、信用管理员、地产管理员、商业管理员
ECS	信用办事员、保险人员、各类进货员、海关服务经理、售货员、购买员、会计
ERI	建筑物管理员、工业工程师、农场管理员、护士长、农业经营管理人员
ERS	仓库管理员、房屋管理员、货栈监督管理员

续表

编码	对应的职业类别
ERC	邮政局长、渔船船长、机械操作领班、木工领班、瓦工领班、驾驶员领班
EIR	科学、技术和有关周期出版物的管理员
EIC	专利代理人、鉴定人、运输服务检查员、安全检查员、废品收购人员
EIS	警官、侦察员、交通检验员、安全咨询员、合同管理者、商人
EAS	法官、律师、公证人
EAR	展览室管理员、舞台管理员、播音员、驯兽员
ESC	理发师、裁判员、政府行政管理员、财政管理员、职业病防治者、售货员、商业经理、办公室主任、人事负责人、调度员
ESR	家具售货员、书店售货员、公共汽车的驾驶员、日用品售货员、护士长、自然科学和工程的行政领导
ESI	博物馆管理员、图书馆管理员、古迹管理员、饮食业经理、地区安全服务管理员、技术服务咨询员、超级市场管理员、零售商品店店员、批发商、出租汽车服务站调度员
ESA	博物馆馆长、报刊管理员、音乐器材售货员、导游（轮船或班机上的）、事务长、空乘、船员、法官、律师
ASE	戏剧导演、舞蹈教师、广告撰稿人、报刊编辑、专栏作者、记者、演员、英语翻译人员
ASI	音乐教师、乐器教师、美术教师、管弦乐指挥、合唱队指挥、歌星、演奏家、哲学家、作家、广告经理、时装模特
AER	新闻摄影师、电视摄影师、艺术指导、录音指导、丑角演员、魔术师、木偶戏演员、骑士、跳水员
AEI	音乐指挥、舞台指导、电影导演
AES	流行歌手、舞蹈演员、电影导演、广播节目主持人、舞蹈教师、口技表演者、喜剧演员、模特
AIS	画家、剧作家、编辑、评论家、时装艺术大师、新闻摄影师、演员、文学作者
AIE	花匠、皮衣设计师、工业产品设计师、剪影艺术家、复制雕刻品大师
AIR	建筑师、画家、摄影师、绘图员、环境美化工、雕刻家、包装设计师、陶器设计师、绣花工、漫画家
SEC	社会活动家、退伍军人服务人员、工商会事务代表、教育咨询者、宿舍管理员、旅馆经理、饮食服务管理员
SER	体育教练、游泳指导员
SEI	大学校长、学院院长、医院行政管理者、历史学家、家政经济学家、职业学校教师、资料员
SEA	娱乐活动管理员、国外服务办事员、社会服务助理、一股咨询者

续表

编码	对应的职业类别
SCE	部长助理、福利机构职员、生产协调人员、环境卫生管理人员、戏院经理、餐馆经理、售票员
SRI	外科医师助手、医院服务员
SRE	体育教师、体育教练、专业运动员、房管员、儿童家庭教师、警察、引座员、传达员、保姆
SRC	护理员、医院勤杂工、理发师、学校儿童服务人员
SIA	社会学家、心理咨询者、学校心理学家、政治家、大学或学院的系主任、大学或学院的教育学教师、大学农业教师、大学工程和建筑课程的教师、大学法律教师、大学数学教师、大学医学教师、大学物理教师、大学社会科学和生命科学教师、研究生助教、成人教育教师
SIE	营养学家、饮食专家、海关检查员、安全检查员、税务稽查员、校长
SIC	描图员、兽医助手、诊所助理、体检检查员、监督缓刑犯的工作者、娱乐指导者、咨询人员、社会科学教师
SIR	理疗员、救护队工作人员、手足病医生、职业病治疗助手

活动评价(表 9-3):

表 9-3 绘制职业梦想活动评价表

序号	活动内容	分值	自评	互评	师评
1	对国家资助政策的了解	10			
2	积极参与测试,选择感兴趣的职业	40			
3	根据职业兴趣撰写实践后的职业规划、学习和生活劳动计划	50			
	合计	100			

活动思考:

(1)在参与职业兴趣测试后,测评结果是否为自己最初感兴趣的职业?

(2)你该如何做才能实现自己的职业梦想?

第二节　勤工助学,自力更生

> **学习目标**
> 1. 了解勤工助学的由来和意义。
> 2. 参与勤工助学实践活动,体验劳动乐趣。

 知识链接

勤工助学(或勤工俭学)本是指一边工作,一边过着节俭生活的求学历程。现指学生利用课余时间通过自己的劳动,促进德、智、体、美等品德全面发展,增长才干,并通过兼职或假期工作的报酬以改善学习和生活条件的行为。

知识点 1:勤工助学的由来

1912 年,李石曾、吴稚晖等人在北京设立留法俭学会和留法预备学校,培养了第一批赴法留学学生。早期的勤工俭学和爱国救国活动联系在一起,爱国人士为求改变中国弱势,引进西方科学文化。1915 年 6 月,蔡元培、李石曾、吴玉章等人又在法国成立留法学生俭学会,为更多有志青年留学法国开辟了道路。由于勤工俭学人员迅速增加,1916 年 6 月 22 日,留法学生俭学会与法国教育界协商,正式成立华法教育会。随着勤工活动参与者逐渐从留学学生扩大到大多数的国内学生,勤工俭学日渐成熟。社会、学校倡导"生活节俭,课余勤工"的勤工俭学思想,并通过国家助学金帮助学生安心学习。其针对的,是那些经济困难但想通过勤工来继续求学的贫困学生。勤工活动使得众多学校成立了勤工组织,从而对大量学生继续求学有着巨大作用。由于生活水平的迅速提高和国力的迅猛发展,逐渐形成"勤工者未必俭学者"的转变。继承了原有内涵而跳出了原先陈旧的体制和形式,勤工俭学做出了结合实际、实践的一种改进。随着其需求增加,大多高校都设置了专门管理勤工助学的部门,提供的勤工助学岗位直接面对贫困生。学生不仅希望改善生活,而且都希望得到锻炼、得到实践的提高、思想的磨砺,增强对社会的认识。对于勤工助学的勤工俭学活动及报酬,财政部、教育部也对此做出一些原则性规定,以求保障学生利益和保证学生的安全。勤工助学逐渐发展成为社会实践形式之一,也将原有"俭学"内涵完全更新成"助学"。

知识点 2:勤工助学的劳动意义

《高等学校勤工助学管理办法(2018 年修订)》第十条明确指出:加强对勤工助学学生的思想教育,培养学生热爱劳动、自强不息、创新创业的奋斗精神,增强学生综合素质,充分发挥勤工助学育人功能。从该办法中可以明确看出勤工助学的育人方式就是进行劳动和劳动技术教育。可以总结为四个"有利于":一是有利于开发学生智力,培养学生的创造能力;二是有利于提高学生的动手能力,让学生参与实际的劳动,培养技术技能;三是有利于对学生劳动教育实施引导,培养学生热爱劳动、热爱科学、艰苦奋斗的良好品德;四是有利于培养既有文化又有一技之长的新一代劳动者和技术人才。

实践活动:勤工助学

活动目标:

(1)理解勤工助学的意义。

(2)通过勤工助学改善生活,同时也得到劳动锻炼,磨砺了思想意识,增强了对社会的认识。

(3)掌握实践技巧,提升实践能力,积累实践经验。

活动内容:

1. 活动准备

勤工助学是一个大的趋势,具体如何去做还需要根据自己的实际经济状况、学业情况,并兼顾近期利益与长远利益来确定。

2. 活动流程(勤工助学项目的选择)

(1)协助老师参与研究。

这是名副其实的"助学",可以利用自己的专业和专长来协助老师进行科学研究,并赚取一定的劳务费。由于学生的科研能力还处于较低的水平,所以往往只有个别优秀学生才能有此"殊荣"。

(2)做家教。

这是最为普遍的办法,而且大多数学生愿意选择这种方式。

(3)到企业或公司打工。

许多学生在假期中到公司里面集中工作一两个月,虽然辛苦一些,但收入较多。

(4)做兼职。

学生还可以利用业余的时间做兼职工作,如导购、餐厅服务、市场调查、商品直销等。

(图 9-1)

图 9-1 勤工助学社会实践——餐饮店工作

选择好相应勤工助学项目后便可以开始参与勤工助学实践。劳动过程中需要将创新与创造能力融入,创造性地开展勤工助学实践活动。项目结束后,请撰写勤工助学社会实践报告,并将自己的经验分享给其他人。

提示:要注意不同工作的安全规范要求,按照不同工作的安全规范要求时刻做好安全防范,不断提升自我安全意识。

活动评价(表 9-4):

表 9-4 勤工助学活动评价表

序号	活动内容	分值	自评	互评	师评
1	听从企业管理者指挥,不迟到,不早退;按要求和规定完成岗位相关任务	15			
2	服从管理者及组长的安排,积极与团队合作	15			
3	深入感受活动教育内涵并在讨论中表达自己的教育感受,在实践劳动中创新	15			
4	深度融入劳动过程,能够从劳动过程中总结经验并将经验分享	15			
5	撰写勤工助学的收获与感悟,撰写实践后的职业规划、学习和生活劳动计划	40			
	合计	100			

活动思考:

(1)在参与勤工助学社会实践时,有没有因任务完成得不好而没能得到相应报酬的情况?深入思考一下这是为什么。

(2)勤工助学社会实践中最困难的经历是什么?你是如何坚持并做好的?

第十章 志愿服务，回报社会

第一节 认识志愿服务

学习目标

1. 了解志愿服务的含义。
2. 了解志愿精神、志愿服务的范围和志愿服务的功能。

知识链接

志愿服务是指在不求回报的情况下，为改善社会，促进社会进步而自愿付出个人的时间及精力所做出的服务工作。

奉献精神是高尚的，是志愿服务精神的精髓。志愿者通过参与志愿服务，促进了社会的进步，同时自我价值也得到了很大提升。

习近平同志在十九大报告中指出，推进诚信建设和志愿服务制度化，强化社会责任意识、规则意识、奉献意识。自2017年12月1日起，国务院颁布的《志愿服务条例》正式施行。

知识点1：志愿服务的含义

志愿服务一般是指志愿者组织、志愿者服务社会公众生产生活和促进社会发展进步的行为。或者说，志愿服务泛指利用自己的时间、技能、资源、善心为邻居、社区、社会提供非营利、无偿、非职业化援助的行为。

志愿服务是指任何人志愿贡献个人的时间及精力，在不为任何物质报酬的情况下，为改善社会，促进社会进步而提供的服务。（图10-1、图10-2）

知识点2：志愿精神

联合国原秘书长安南曾经指出，志愿精神的核心是服务、团结的理想和共同使这个世界变得更加美好的信念，从这个意义上说，志愿精神是联合国精神的最终体现，更是人文精神的最高级表现形式。

图10-1 中国志愿服务标志

图10-2 中国青年志愿者标志

知识点3：志愿服务的范围

志愿服务的范围主要包括：扶贫开发、社区建设、环境保护、大型赛会、应急救助、海外服务等。

知识点4：志愿服务的功能

志愿服务的功能包括：社会动员、社会保障、社会整合、社会教化、促进社会和谐、促进社会进步。

劳动故事

吕梁市贺昌中学青年志愿者的故事

近日，记者随一群十六七岁的孩子带着一些生活用品来到离石南关社区，在一个朴素简洁的院子门口，一位面容和蔼的老大娘正倚着门框向外张望，似乎早就知道他们的到来。一进门放下米面等生活用品，孩子们顾不得休息，拿起扫帚、水桶、抹布等工具，热火朝天地做起了家务，力气大的男同学们帮忙打水，女同学们则帮助老人翻晒被褥，洗衣，打扫院落。"这些都是吕梁市贺昌中学的'小雷锋'们啊"，看着孩子们一个个忙得满头大汗，大娘激动地抹着眼泪，"都已经十几年了，虽然换了好多孩子，但不管春夏秋冬，无论刮风下雨，每隔一段时间他们都会来看我。"家务活干完后，这些来自吕梁市贺昌中学的青年志愿者还为老人带来了精彩的诗歌朗诵和歌曲，"学习雷锋，好榜样……"一首《学习雷锋好榜样》在贺中人的身上传唱了一代又一代……

1. 一缕善念燃起爱的星火

育人德为先，树人品为贵。多年来，吕梁市贺昌中学牢抓德育工作不放松，将雷锋精神融入校园文化建设,用实际行动践行社会主义核心价值观。成立于1989年的吕梁市贺昌中学青年志愿者社区服务队,28年如一日坚持为孤寡老人服务的事迹,感人至深,受到了被服务对象以及社会舆论的大力赞扬,在全社会引起了强烈反响,一批又一批的志愿者在服务老人的过程中提升了精神品质,进一步弘扬了"奉献、友爱、互助、进步"的志愿者精神。回首这28年青年学生投身志愿服务的点滴岁月,学校团委继承优良传统、永葆奉献活力,让雷锋精神薪火相传。

1990年2月的一天,一位名叫杨林则的七旬老大娘,步履蹒跚地将一封感谢信送到了贺昌中学,信中说:"贵校学生王振林、李艳花、郭秀丽、王保富同学从去年秋天到现在一直利用课余时间、节假日为我担水、劈柴、买粮、买煤等,解决了我的生活困难。我非常感谢贵校培养出的这些好学生……"一个坚持照顾孤寡老人达半年之久的学雷锋小组被人们发现了。

事情的起因要追溯到1989年9月的一天,刚刚考入贺昌中学的几名同学在返校的路上,看到一位担着水的老大娘滑倒,水泼了一身。他们急忙跑过去,扶起老人,又去帮忙挑了一担水,搀扶着老大娘回了家。老人名叫杨林则,无儿无女,丈夫已经去世,她与八十多岁的老母亲一起生活,有一个弟弟远在兰州,因此生活上有诸多不便。这几名同学毅然下定决心去帮助老人,就这样以李艳花、王振林、郭秀丽、王保富为主的学雷锋小组成立了。从此,每逢节假日、课余时间,他们就一起或轮流去给老人服务。把水缸挑满、把柴准备充足、把油盐等生活用品采购齐备、把玻璃擦得干干净净。厕所满了,男同学借来茅桶担走;衣服脏了,女同学把它洗得干干净净。他们不仅从劳务上为老人解难、从物质上为老人分忧,更重要的是,从精神上实现了"双愉"。小组成员尊敬地称杨林则的母亲为"老奶奶",老人们也视他们为亲孙子、亲闺女,祖孙相亲相爱、相敬相勉,充满了人间的温情。

这个学雷锋小组坚持为孤寡老人服务的事迹感人至深,学校在知晓了他们的善举后,召开全校大会表彰他们的事迹,并给这支光荣的服务小组授予"学雷锋先进小组"称号,授予小组成员"学雷锋标兵"称号,号召全校学生向他们学习。

2. 28年的坚守始终如一

1990年春,更多的贺中学子加入学雷锋小组,在学校团委倡议下,全校二十二个班级都成立了学雷锋小组。在1993年纪念毛泽东同志向雷锋同志学习题词30周年的大会上,作为贺昌中学第一个学雷锋小组,该组全体成员参加了省里召开的会议,省委领导同志高度赞扬了他们的善举,中共山西省委、山西省人民政府授予他们"山西省学雷锋活动先进集体"称号。

三年高中学习生活很短暂,第一批学雷锋小组成员很快离开了学校,但他们默默无闻、无私奉献的精神却在全校引发学习雷锋精神的燎原之火。从20世纪的80年代起到本世纪之初,在贺中精神与雷锋精神的感召与鼓舞下,"贺昌中学青年志愿者学雷锋小组"随着成员的不断加入,队伍日益壮大,已发展成为一支"贺昌中学青年志愿者社区服务队"。每年高一新生入学,便意味着这一光荣的传统有了新的接班人。服务对象也从最初离石南关的七位孤寡老人增加至十几位,服务的面变宽了,服务也更细致了,志愿者们利用业余时间,走上街头,做起了义务宣传员,为城市的美化和维护贡献自己的一份力量。沿着第一批志愿者的足迹,贺中学子毕业了一届又一届,小组成员也跟着换了一批又一批,但不变的是始终如一的奉献精神。

2000年、2005年、2012年共青团山西省委、山西青年志愿者协会分别授予贺昌中学青年志愿者社区服务队"中国青年志愿者先进集体"、"十佳青年志愿服务集体"、"山西省优秀青年志愿服务集体"等荣誉称号;2008年荣获"吕梁市五四红旗奖状";2012年山西省精神文明建设指导委员会办公室授予贺昌中学青年志愿者社区服务队"山西省优秀青年志愿服务组织"称号;2013年荣获吕梁市"志愿者工作和社团建设工作先进单位"。特别是社区服务队的先进事迹被中央电视台报道后,更加坚定了贺中青年志愿者播散爱心的信心,志愿者服务活动更加多彩繁荣。

3. 岁月轮回温暖恒久绵长

春去秋来,寒来暑往,周末、假期,年复一年,日复一日,离石南关村成了历届贺中孩子所牵挂的地方。在志愿者前后服务的老人中,有孤寡老人、有军烈属、有五保户,他们用爱心给这些生活不便的老人送去温暖。脏活、累活,同学们抢着干,女同学为老人洗衣服、打扫卫生、做饭、洗碗、帮老人剪指甲,男同学替老人担水、备炭、收拾院落,服务一如既往,爱心始终如一。在老人们心中,孩子们的志愿服务远远不是打扫院子那么简单,更是一份心灵的慰藉,这些"小雷锋"不是亲人却胜似亲人。

同学们在奉献着,也被震撼着,更被激励着。有一位同学在他的志愿扶助工作报告中写道:"我从交接任务的那天起就知道服务的老人已年过八旬,独自一人住一孔破旧的窑洞,生活无人照料。本已做好面对老人状况的心理准备,但当我们来到老人家时仍被眼前一切深深刺痛。窑洞年久失修,光线极差,不时有土灰下落,老人脸、手、衣服都很脏,家里没一件像样的家具。我们震惊了,默默地出去买了盐、醋等生活必需品。有一位住校的同学平时省吃俭用,却毅然拿出钱为老人买了盆、肥皂、毛巾、洗衣粉等,并且握着老人的手,不厌其烦地在老人身旁与老人聊天。"贺昌中学的志愿者们尽其可能帮助着服务对象,更把扶助者当作自己的亲人。每当《学习雷锋好榜样》那熟悉的旋律在大家口中唱起时,在场的每个人都深切体会到作为雷锋精神践行者的那份自豪与荣耀。曾经一位老人为贺中青年志愿者社区服务队亲手赶制了一面锦旗,上面写着"贺中师生觉悟高、学习雷锋记得牢",这是老人对贺昌中学志愿服务由衷的感谢和至高的评价,也是对志愿工作最大的鼓励和鞭策。

志愿者服务不仅给社会带来温暖和煦的春风,也使他们在帮助别人的同时磨炼了自己,懂得了感恩,老一辈人艰苦朴素、乐观向上的精神,不忘初心、始终如一的爱国情感也给他们留下了深刻的记忆,成为他们未来成长过程中宝贵的财富。"赠人玫瑰,手有余香"。老一届学生毕业了,新一届学生接过旗帜,岁月更替,这份温暖却恒久绵长!

4. 志愿者精神生生不息

教之道,德为先。学校团委高度重视学生的德行教育,始终将学校德育工作作为校园文化建设的重要内容。青年志愿者活动作为学校德育工作中重要且特殊的一部分,以其独特的组织形式在学校的德育工作中起着重要的作用。从2003年开始,通过校团委协调,贺中青年志愿者与市园林局、博物馆、贺昌纪念馆等单位签订协议,将其设立为贺中青年志愿者劳动实践基地与爱国主义教育基地,同学们在实践中增长见识、提高认识、锻炼才干,起到了很好的爱国主义和思想道德教育的作用。

每到节假日,每到学雷锋活动月,贺中志愿者的身影就会出现在大街小巷,志愿者们在广场捡过垃圾,擦过护栏,帮助园林工人美化过环境;在新华街铲过积雪,为寒冬中的路人送去温暖;在久安路上,清理过乱贴的小广告,为城市的整洁贡献了一份力量;曾经多次去市聋哑学校与那里的同学进行手拉手互助活动,与那里的孩子们建立了深厚的友谊。在扶助弱势群体的过程中,净化了自己的心灵,提高了服务社会的意识。曾去老干部活动中心演出,与老人谈心,聆听前辈的故事,为老干部带去真诚的关心;曾多次去王家坡植树,为城区绿化美化建设做出自己的一份努力……(图10-3)

从1989年到2017年,贺中青年志愿者活动已坚持28年了,它就像星星之火而汇成今日燎原之势,必将沿袭下去,"28年里,我们的学生先后服务了28位孤寡老人,最长的服务年限达14年之久,现在的服务对象当中最短服务年限也在5年以上",贺昌中学团委书记郭向东深情地说:"贺昌中学将继续开展更多具有教育特色的学雷锋志愿服务主题活动,引导广大师生以自己的言行,推进学校德育工作开展,开创德育工作新局面。"

薪火必将相传,一届又一届贺中人将带着雷锋精神走向更加美好灿烂的明天。

——选自《吕梁日报》

图10-3 志愿服务互动集锦

续图 10-3

知识延伸

了解并访问相关网站,以便更好地投身志愿服务活动。

1. 中国社会组织政务服务平台

可以通过访问中国社会组织政务服务平台(https://chinanpo.gov.cn)查询当地合法合规的社会组织,寻求合作,进行志愿服务活动。

2. 中国青年志愿者网

中国青年志愿者网(http://www.zgzyz.org.cn)是共青团中央志愿者工作部、中国青年志愿者协会秘书处和中国青年报社合作建设的志愿者公益网站。

3. 中国志愿服务网

志愿者可在全国志愿服务信息系统(https://chinavolunteer.mca.gov.cn//site/home)进行实名注册,查询参加志愿团体、项目等,志愿团体可以在该网站注册、审核招募志愿者并管理项目。

实践活动:查询身边的志愿服务项目

志愿服务是我们奉献爱心、服务社会的重要途径,体现了我们对高尚精神境界的追求,也能在"赠人玫瑰,手有余香"中实现自我价值和人生意义。本次活动,请同学们感受积极投身志愿服务的重要性,查询身边的志愿项目,明确力所能及的志愿服务项目。

活动目标:

(1)了解志愿服务的意义、价值和实现途径。

(2)掌握获取志愿服务资格的方式方法。

(3)用心感受、总结志愿服务过程的酸甜苦辣,并能逐步改进,增强自身能力,参与更多类型的志愿服务活动。

活动内容:

1. 活动准备

(1)观看志愿服务楷模视频。

(2)踊跃申请、注册加入志愿服务队伍。

2. 活动流程

(1)登录中国志愿服务网 https://chinavolunteer.mca.gov.cn/site/home。(图10-4)

图10-4　中国志愿服务网站首页

(2)选择并确定本人所在的项目区域。(图10-5)

(3)选择并确定报名范围及服务对象,查看项目状态,选择"运行中"的志愿服务项目。(图10-6)

(4)点击某一具体志愿服务项目,查看招募岗位等相关信息。(图10-7)

(5)结合自身实际情况查询并选择合适的志愿服务项目。(图10-8)

(6)争取获得满意成果——注册成为志愿者,参加一项志愿者服务。

第十章　志愿服务，回报社会

图 10-5　选择项目区域

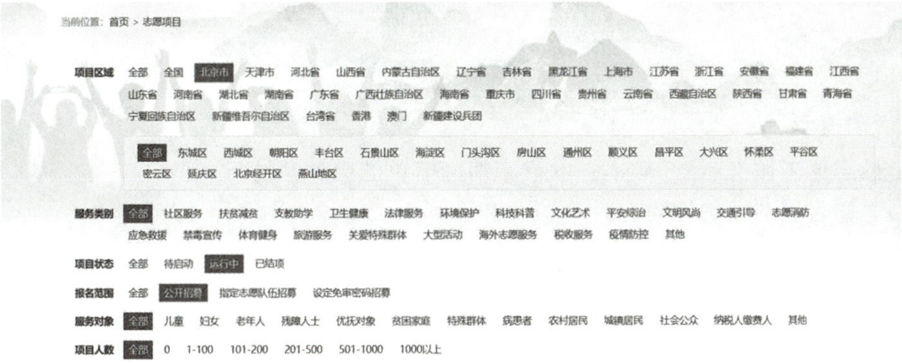

图 10-6　查看"运行中"的项目

图 10-7　查看岗位信息

图 10-8　选择适合自己的公益项目

3. 活动提示

(1)做志愿者服务,最好从本省本市本辖区简单的服务开始。

(2)志愿者服务要细致耐心。

活动评价(表 10-1):

表 10-1　查询身边的志愿服务项目活动评价表

序号	活动内容	分值	自评	互评	师评
1	正确查找志愿者服务网站	10			
2	查询志愿者服务项目	10			
3	了解一项志愿者服务项目	10			
4	注册成为志愿者	30			
5	参加一项志愿者服务活动	40			
	合计	100			

活动思考:

(1)想去参加一项志愿服务和实际去参加一项志愿服务有很大差别,如何做好心理准备?

(2)参加志愿服务要量力而行,此标准如何确定?

第二节 认识志愿者

·学习目标·

1. 了解志愿者的含义。
2. 了解青年志愿者行动的内涵。
3. 了解志愿行动中的安全常识。

知识链接

知识点1：志愿者含义

志愿者是指志愿贡献个人的时间及精力，在不为任何物质报酬的情况下，为改善社会服务，促进社会进步而提供服务的人。志愿工作具有志愿性、无偿性、公益性、组织性四大特征。参与志愿工作既是"助人"，亦是"自助"；既是"乐人"，同时也"乐己"。参与志愿工作，既是在帮助他人、服务社会，同时也是在传递爱心和传播文明。志愿服务个人化、人性化的特征，可有效地拉近人与人之间的心灵距离，减少疏远感，对缓解社会矛盾，促进社会稳定有一定的积极作用。（图10-9、图10-10）

图10-9 志愿者在进行普法宣传

图 10-10　志愿者在清理街道垃圾

 知识点 2：青年志愿者行动发展历程

1993 年底,共青团中央决定实施中国青年志愿者行动。随后逐步在农村扶贫开发、城市社区建设、环境保护、大型活动、抢险救灾、社会公益等领域形成了一批重点服务项目,中国志愿服务进入了有组织、有秩序的阶段。2006 年 11 月,共青团中央印发了《中国注册志愿者管理办法》,对注册志愿者的管理作出明确规定。2015 年发布的《志愿服务信息系统基本规范》为志愿服务信息化作出积极努力。为统筹推进《志愿服务信息系统基本规范》落实,国家建立了中央文明办统筹指导、民政部具体推进、共青团中央和其他相关部门全力配合的工作机制,同时要求各地尽快建立健全志愿服务联合工作机制。2016 年 5 月 20 日,中央全面深化改革领导小组第二十四次会议审议通过了《关于支持和发展志愿服务组织的意见》,并由中共中央宣传部、中央文明办、民政部、教育部、财政部、全国总工会、共青团中央、全国妇联联合印发,自 2016 年 5 月 20 日起实施,该意见指明了我国志愿服务组织的发展方向,为充分发挥志愿服务组织的桥梁纽带作用和资源汇集作用、志愿服务健康持续深入发展奠定了政策基础。

 知识点 3：中国青年志愿者服务日

自 1963 年 3 月毛泽东等老一辈党和国家领导人号召"向雷锋同志学习"以来,3 月 5 日成为社会各界特别是广大青年传统的学雷锋活动日。每年的 3 月 5 日,全国各地都会开展各项"学雷锋、树新风"活动。2000 年,共青团中央、中国青年志愿者协会共同决定把每年的 3 月 5 日作为"中国青年志愿者服务日",组织青年集中开展内容丰富、形式多样的志愿服务活动。

知识点4：青年志愿者行动的意义

(1)青年志愿者通过参与志愿服务工作,有机会为社会贡献自身的才学,并在不同的岗位上发挥自身的作用和优势,立足社会需求,在党政关注、群众急需、青年热心的好事和急事上有所作为。

(2)青年志愿者通过实际行动,在社会上倡导团结友爱、助人为乐、见义勇为、无私奉献的新风和正气,弘扬爱国主义、集体主义和社会主义精神,促进社会风气的进一步好转。

(3)青年志愿者通过服务社会、帮助他人的行动过程,树立适应社会主义市场经济发展要求的社会公德意识和责任、义务观念,提高自己的思想道德修养和科学文化素质。

(4)青年志愿者利用空余时间,参与不同形式、有意义的志愿服务工作和活动,能接触更多的新事物、新观念;同时还可以通过服务活动,亲身体验和接触社会不同层次和领域的人和事,加深对社会的认识。

 ## 知识点5：青年志愿者行动

近几年来,青年志愿者行动的服务领域不断扩大,在农村扶贫开发、城市社区建设、环境保护、大型活动、抢险救灾、社会公益等领域形成了一批重点服务项目。

(1)青年志愿者"一助一"长期结对服务计划。这项计划以孤寡老人、残疾人、生活困难的离退休人员和下岗职工、特困学生、国家优抚对象等困难群众为主要服务对象,通过团组织和青年志愿者组织牵线搭桥,在青年志愿者和服务对象之间建立起长期稳定的关系,为困难群众提供力所能及的服务和帮助,成为青年志愿者行动深入基层、深入人民群众的一项经常性、基础性工作。

(2)青年志愿者扶贫接力计划。这项计划从1996年开始实施,采取公开招募、定期轮换、长期坚持的接力机制,组织动员青年志愿者为贫困地区提供教育、农业科技推广、医疗卫生等方面的服务。

(3)大中专学生志愿者暑期文化科技卫生"三下乡"活动。这项活动由中宣部、教育部、团中央联合实施,自1994年以来,每年组织动员近百万名大中专学生志愿者深入农村基层和受灾地区,发挥自身的知识智力优势,开展了内容丰富、形式多样的扫盲和文化、科技、卫生服务,推广农村实用技术,倡导健康文明的生活方式,促进农村的经济社会发展。

(4)保护母亲河"中国青年志愿者绿色行动营计划"。这项工作以"劳动、交流、学习"为主题,通过组建绿色行动营、建设绿色行动基地,集中组织青年在重点区域开展植树造林、沙漠治理、水污染整治、清除卤色垃圾等环保志愿服务活动

(5)成人预备期志愿服务。这是青年志愿者行动与18岁成人仪式教育活动有机结合的成功实践,它抓住16~18岁中学生向成年公民成长这个关键时期,把成千上万的中学生动员起来,把对青少年进行公民意识教育和引导青少年履行公民义务统一起来,在成人预备期号召青少年开展每年不少于48小时的志愿服务,寓教育于服务之中,取得了良好的效果。

(6)在大型活动和急难险重任务中充分发挥青年志愿者的作用。数百万青年志愿者为

2008年北京奥运会、2023年杭州亚运会、2022年北京冬奥会等大型活动提供了优质高效的志愿服务。

（7）围绕党政工作大局和社会公益事业开展的特色志愿服务。

 知识点6：志愿者劳动安全卫生防护知识

（1）志愿者必须遵守国家的有关法律、法规和志愿者各项规章制度。

（2）志愿者在工作和生活中，应遵守纪律和有关规定，听从指挥、服从管理。发现和发生影响人身安全的情况时，应及时报告。

（3）在劳动中，要严格遵守安全规章制度，注意饮食卫生，注意防火、防盗等，保证自身的人身、财产、交通安全，防止各种事故的发生。

（4）自觉抵制邪教、黄赌毒等不法行为。

 知识延伸

阅读资料，进一步了解中国共产主义青年团和青年志愿服务事业。

1. 中国共产主义青年团

中国共产主义青年团是中国共产党领导的先进青年的群团组织，受中国共产党中央委员会管辖；同时，受中国共产党的委托领导中国少年先锋队的工作，指导中华全国学生联合会开展工作。

中国共产主义青年团团旗旗面为红色，象征革命胜利；左上角缀黄色五角星，周围环绕黄色圈圈，象征中国青年一代紧密团结在中国共产党周围。团旗为长方形，其长与高为3∶2。团员的年龄为14周岁至28周岁。

中国共产主义青年团为党培养、输送了大批新生力量和工作骨干。共青团加强思想政治工作，把思想政治工作贯穿所开展的全部工作；带领青年在经济社会发展中发挥主力军和突击队作用；贯彻党管青年原则，充分发挥党联系青年的桥梁和纽带作用，为党做好青年群众工作；高举爱国主义旗帜，坚决维护和发展全国各族青年之间的平等团结互助和谐；为把中国建设成为富强民主文明和谐美丽的社会主义现代化强国、为最终实现共产主义而奋斗。

2. 青年志愿者

青年志愿者是志愿服务组织的中坚力量。弘扬"奉献、友爱、互助、进步"的志愿精神，既是志愿者的美好心愿，也是广大青年义不容辞的责任。近年来，以青年志愿者为主体的志愿服务组织在汇聚社会资源、传递社会关爱、弘扬社会正气等方面做了大量卓有成效的工作，在全社会逐渐形成向上向善、诚信互助的良好社会氛围。他们的行为，不仅体现了人世间的真善美，而且充满了满满的正能量。

与时俱进、引领风气之先是青年的责任。倡导奉献精神是志愿者最崇高的精神境界，无私奉献、淡泊名利、不求索取、不计报酬是志愿组织的精髓，青年最鲜明的特质就是有着旺盛的青春活力。面对新的形势，志愿服务组织需要新的服务主体和服务方式，青年要顺应时代潮流，积聚力量，乘势而上，做好志愿服务工作。要依托志愿服务组织，发挥自身优势、扬长避短，积极投身到志愿服务行动中去,创造性地开展志愿服务工作。发扬特别能战斗、特别能吃苦的精神,做到哪里有志愿组织和志愿者,哪里就有青年志愿者充满朝气的身影。

青年志愿者尤其要紧紧围绕党政中心工作,创新志愿服务方式和服务方法,急群众所急,盼群众所盼,发挥青年志愿者的优势和特点,搞好扶贫帮困、恤病助残、救灾助学等重点领域的志愿服务。同时,把志愿精神与中华优秀传统文化融会贯通,通过涵养社会主义核心价值观积极推动经济发展、促进社会进步。

青年志愿者扮演着城市文明传播者的角色,要用自己的行动汇聚社会正能量。通过开展志愿服务活动,让自己的才华和能力得到充分的展示,将自己的人生价值转化为社会价值,落实到报效祖国、服务群众、回报社会的具体行动中去,当好志愿服务工作的助推器。只有这样,才能让志愿服务组织永葆青春活力,为人类社会做出更大的贡献。

  劳动故事

韩红爱心基金会

2008年5月12日汶川发生特大地震灾害,韩红响应党和国家的号召,第一时间前往灾区慰问、救援。在地震灾区韩红亲眼看到了自然灾害的残酷,更感受到一方有难八方支援的温暖。为了更持久有效地参与救援,韩红组织成立了"韩红爱心行动",为灾区群众提供药品、食品及生活用品等救援物资。随后,"韩红爱心行动"又加入灾后重建的队伍,先后五次赴灾区慰问群众,援建学校(图10-11)。为帮助灾区同学重树信心,韩红受聘担任什邡市龙居中心小学名誉校长。

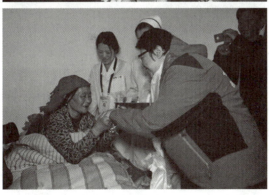

图10-11 韩红爱心团队的志愿活动

2010年4月14日青海玉树地震、2010年8月7日甘肃舟曲地震并发泥石流灾害、2011年3月10日云南盈江地震,每次灾后"韩红爱心行动"都立即响应,为抗震救援和灾后重建捐款捐物,并参与灾区救援。此时,"扶危济困、赈灾救援"的使命已不知不觉融入了"韩红爱心行动",成为其存在的基础。

韩红爱心慈善基金会由韩红女士发起,于2012年5月9日在北京市民政局登记注册成立,于2019年8月8日正式获得慈善组织公开募捐资格,是具有独立法人资格的地方性公募基金会。

基金会宗旨为"弘扬正气,奉献爱心,扶危济困,和谐共生"。多年来坚持关注偏远地区的医疗卫生建设和重大自然灾害应急救援,致力于帮助缩小中国东西部医疗卫生水平的差距,将先进的医学理念和医疗技术以落地形式应用到边远地区,改变中西部地区医疗环境,使贫困急症、重症患者得到有效治疗。

 实践活动:弘扬志愿者精神

志愿服务活动与志愿者精神符合现代的道德规范,获得了社会的积极评价。志愿服务虽然不计报酬,但收获了心灵的净化,提升了社会、集体和他人对自己的道德评价,这对个人成长而言具有非常重要的意义。

活动目标:

(1)深刻理解志愿者精神的内涵和实质,立志投身志愿服务行列。

(2)学习志愿服务的相关法律政策,遵守相关规章制度。

(3)通过参与志愿服务学习掌握交通疏导、医疗急救、防震逃生、火警处置等专业技能。

(4)开展学唱《中国青年志愿者之歌》、讲志愿者故事、谈自我感想三个活动,让学生理解志愿者精神内涵,达成"志愿服务人人可为、事事可为、时时可为"的共识。

活动内容:

1. 学唱一首歌

共同学习歌曲《中国青年志愿者之歌》,从歌词中体会志愿者精神。

中国青年志愿者之歌

伸出你的手,初次相识却已是朋友

放飞和平鸽,蓝天大地响彻我的问候

我们是青年志愿者,用奉献共创温馨家园

我们是青年志愿者,用爱心把旗帜铸就

青春似火,青春闪光,青春无悔,青春不朽,青年志愿者

挽起你的手,风雨同舟并肩向前走

放歌新时代,五湖四海建设新神州

我们是青年志愿者,用真情迎接美好明天

我们是青年志愿者,用热血来书写春秋

青春似火,青春闪光,青春无悔,青春不朽,青年志愿者

2. 讲好一则志愿者故事

以小组为单位搜集志愿者故事,整理好后以演讲的方式分享给大家。

3. 谈一下感悟

随机抽几位同学谈谈自己的感悟。

活动测试:

(1)中国青年志愿者服务日是哪一天?

(2)志愿者按服务内容不同可以分为哪几类?

(3)志愿者参与义务活动的动机有哪些?

(4)志愿者精神是什么?

活动评价(表10-2):

表10-2 弘扬志愿者精神活动评价表

序号	活动内容	分值	自评	互评	师评
1	学唱《中国青年志愿者之歌》	20			
2	演讲时的表现(内容、体态、情绪、流畅度等)	20			
3	演讲时是否具有吸引力和感染力	30			
4	撰写感悟总结	30			
	合计	100			

活动思考:

(1)通过搜集志愿者的故事你从中受到哪些启发?

(2)你该如何选择志愿服务项目?结合自身的优势、劣势等谈一谈。

第三节　参与志愿服务

·学习目标·

1. 学会选择适合自己的志愿服务项目。
2. 参与志愿服务活动,提升自我。

知识链接

知识点1:志愿服务的基本要求

很多人选择当志愿者,这是一份爱心的体现,是我们所提倡的,但是一旦作为一名志愿者,投入一项志愿服务,就像你参加其他工作一样,有最基本的要求,尤其是大型赛事之类更加正规的志愿者,志愿者代表的不仅仅是个人的形象,也代表着学校的形象、城市的形象,甚至是国家的形象,所以志愿者不仅要有爱心,也要有责任心,千万不能马虎对待。

(1)要做到热情周到,文明礼貌。志愿服务是一种公益性的服务,志愿者总是希望给服务对象带来帮助,无偿解决他们的困难,给人的形象总是热情大方,用亲切的语言与我们沟通,帮助我们。

(2)微笑服务,理解尊重。作为一名志愿者,我们最常见到他们的表情就是微笑,微笑给我们力量。他们就是一群传播正能量的天使。而且作为志愿者,就是对他人遇到的困难感同身受,理解尊重他人的需要,给予他人需要的帮助。

(3)诚实守信,忠于职守。志愿服务是不求回报的,诚信是基本的要求,很难想象我们心目中不求回报、无偿奉献的志愿者如果监守自盗,打着无私的名义做着谋取自己利益、不诚信的行为,那志愿者在我们心中的形象将会变成什么样。

(4)遵守纪律,坚守原则。正所谓国有国法,家有家规。作为志愿者,也要遵守志愿者的规章制度。如果你是一名赛会志愿者,那么你必须遵守相应的规定,比如在赛会上不能私自要运动员的签名,不能擅离职守,不能做规定不允许的事情,诸如此类的。

(5)听从指挥,顾全大局。在遵守纪律的基础上,你必须服从上级的安排,正规的志愿者是一个团队,也是一个体系。很多事情不能自己说一是一,说二是二。遇到自己无法处理的事情时,也要主动报告上级,听从指挥。不能只顾自己的利益,要以大局为重。

(6)精诚团结,互助进步。志愿者是一个团队。团队中的个人有时也需要大家共同合作完成一项任务,在组织中,相互团结不仅能使事情事半功倍,也能使每个组织中的人收获更多不一样的东西。

知识点 2：如何申请成为一名志愿者

为加强志愿者管理、规范志愿服务活动，我国采取注册制度，在我国申请成为一名志愿者的流程如下。

(1)由本人向所在学校的青年志愿者组织(团组织或志愿者组织)提出申请、登记，并填写必要的表格，写明自己的姓名、年龄、特长、职业及可参加活动的内容、时间等基本情况，进行审核注册。

(2)志愿者组织在确认申请人具备青年志愿者的条件后，提出审核批准意见并通知本人。

(3)批准后，领取志愿者徽章和服务证，成为一名正式的志愿者。

(4)经过本人申请并审核合格的青年志愿者，必须服从志愿者组织或青年志愿者服务站的安排，并切实履行青年志愿者的义务。

知识点 3：中职生可以参与的志愿服务活动

中职生要参与志愿服务活动、寻找志愿服务组织，可以通过学校团委加入志愿服务队奉献青春力量。中职生可以参加的志愿服务活动主要包括以下几项：

(1)公共环境卫生与环境保护服务。
(2)各类宣传服务。
(3)公益植树活动。
(4)节日志愿服务。
(5)文明交通执勤。
(6)大型赛会服务。
(7)技能兴趣社团服务。
(8)社区服务。
(9)福利院服务。
(10)社会应急服务。

知识延伸

1.保护母亲河行动

"保护母亲河行动"是一项大型的群众性社会公益活动，主要目的是动员包括青少年在内最广大的社会力量，在哺育中华民族的母亲河——黄河等江河湖泊流域植树造林、保持水土、防治污染，倡导和树立绿色文明意识、生态环境意识和可持续发展意识，为国家生态环境建设做贡献。提倡参与保护母亲河活动，是人们保护生态环境、维护美丽家园的重要责任，也是为切实加强生态文明建设、保护母亲河水清河美的生态环境、保障人民群众身心健康的重要举措,我们应该身体力行参与保护母亲河行动。

黄河是中华民族的母亲河,曾经创造了璀璨的华夏文明。党和政府历来高度重视黄河生态环境的保护和治理,取得了显著的成效。由于自然、社会等因素的影响,黄河流域生态环境建设的任务还很艰巨,保护黄河,保护母亲河,是我们义不容辞的责任。保护母亲河行动是一项引导亿万青少年全方位参与生态环境保护和建设的大型公益事业,它以保护哺育中华民族的母亲河为主题,组织动员广大青少年和社会公众参与生态环境建设,已经取得了良好的生态效益、经济效益和人才效益。(图10-12)

图10-12　志愿者在开展"保护母亲河行动"

2. 文明城市建设活动

文明城市,是指在全面建设小康社会中市民整体素质和城市文明程度较高的城市。文明城市,是反映城市整体文明水平的综合性荣誉称号,是目前国内城市综合类评比中的最高荣誉,也是最具有价值的城市品牌。参与文明城市建设活动,其实是将弯腰劳动精神拓展到社会责任人的角色与行为中去。

实践活动:参加一项志愿服务

"纸上得来终觉浅,绝知此事要躬行。"同学们在明确了志愿服务的重要意义与价值,掌握了志愿者的注册方法,进行自我分析后,本次活动请大家行动起来,积极投身一项志愿服务,增强自身技能,增加生活阅历,提升自我素养。

活动目标:

(1)了解志愿服务的类型。

(2)掌握志愿服务的要求,具备志愿服务的能力。

(3)增强志愿服务技能,丰富生活体验,促进自身综合素质提升。

活动内容:

1. 活动准备

(1)了解并选择自己力所能及的志愿服务类型。

(2)学习志愿服务技能与技巧。

2. 活动流程

(1)申请加入志愿者组织,选择一项志愿服务。

(2)了解各种类型的志愿服务。

我国志愿服务的发展经历了"从青年到全民、从社区到社会"不断拓展、不断深化的过程。如今社会各阶层都踊跃支持和参与志愿服务,涌现了党员志愿者、青年志愿者、社区志愿者、企业志愿者、专业志愿者、民间组织志愿者、境外人士志愿者等各种志愿者队伍。志愿服务队伍不断壮大,服务领域及对象不断扩展,志愿服务组织机构日趋健全。

①大型活动服务:全国、省、市、县(区)的行政区域内大型社会公益活动的现场引导、信息咨询、语言翻译、礼仪接待、团队联络、应急救助、技术指导、秩序维持等服务。

②应急救援服务:自然灾害、重大事故、公共卫生和社会安全事件发生后,在当地人民政府设立的应急指挥机构的统一指挥协调下,开展的防灾救灾、心理干预、医疗卫生、排危重建等服务。

③社会公共服务:协助党政部门或者其他各类社会机构实现各种公共服务职能而提供的如维持秩序、教育群众、疏通情绪等服务。

④生活帮扶服务:为孤寡老人、病残人员、农村留守人员、外来流动人员等弱势群体提供必备生活物资、精神慰藉、文化娱乐服务。

⑤支教助学服务:为贫困地区提供的支教、捐书等服务。

⑥卫生保健服务:为城乡社区居民提供的义诊、健康保健等服务,为贫困地区开展的送医、送药、常见疾病防治知识宣传等服务。

⑦法律服务:为公民、法人或其他组织提供的相关政策法规宣传、讲解等服务。

⑧环境保护服务:开展各类节能减排、护水护绿、防治污染等活动及环保知识宣传服务。

⑨科技推广服务:开展各类科普知识宣传、技术推广和运用等服务。

⑩治安防范服务:开展治安宣传、治安巡逻、公共财物看护、禁赌禁毒、社区矫正和防范违法犯罪等服务。

⑪公共文明引导服务:针对公共场所各类不文明行为开展劝导、引导、纠正等服务。

⑫群众文化服务:开展群众文化活动、文化培训和文艺演出等服务。

根据社会实际需求或志愿者个人申请,开展的其他志愿服务。

(3)参加一项志愿服务。

(4)撰写参加志愿服务的心得体会。

3. 活动提示

(1)在活动中多留心,通过对比发现别人的优点和自身的不足,善加利用,取长补短。

(2)在志愿者组织中,应注意自身服务对服务对象的情绪影响,尽可能发挥正面的影响,减少或消除负面影响。

活动评价(表 10-3):

表 10-3　参加一项志愿服务活动评价表

序号	活动内容	分值	自评	互评	师评
1	注册成为志愿者	10			
2	查询志愿服务项目	10			
3	参加一项志愿服务	40			
4	撰写志愿服务心得体会	40			
	合计	100			

活动思考:

整个活动过程,你是否全身心地投入了?有什么需要继续学习和改进的地方吗?

第十一章 创新创业，逐梦未来

第一节 培养创新精神

学习目标

1. 了解创新精神的内涵。
2. 了解培养创新精神的方法。
3. 参与发掘创新精神的实践活动，激发自身潜能。

 知识链接

创新是知识经济时代的一个显著标志。江泽民同志曾在1995年全国科技大会上指出："创新是一个民族进步的灵魂，是国家兴旺发达的不竭动力。""一个没有创新能力的民族，难以屹立于世界先进民族之林。""教育在培育民族创新精神和培养创造性人才方面，肩负着特殊的使命。"

 知识点1：创新精神的意义

创新精神是一个国家和民族发展的不竭动力，也是现代人应该具备的素质。

创新精神是一种勇于抛弃旧思想旧事物、创立新思想新事物的精神。例如：不满足已有的认识（掌握的事实、建立的理论、总结的方法），不断追求新知；不满足现有的生活生产方式、方法、工具、材料、物品，根据实际需要或新的情况不断进行革新，不墨守成规（规则、方法、理论、说法、习惯），敢于打破原有框框，探索新的规律、新的方法；不迷信书本、权威，敢于根据事实和自己的思考，质疑书本和权威；不盲目效仿别人的想法、说法、做法，不人云亦云、唯书唯上，坚持独立思考，说自己的话，走自己的路；不喜欢一般化，追求新颖、独特、异想天开、与众不同；不僵化、呆板，灵活地应用已有知识和能力解决问题……都是创新精神的具体表现。

创新精神是科学精神的一个方面，与其他方面的科学精神不是矛盾的，而是统一的。例如：创新精神以敢于摒弃旧事物旧思想、创立新事物新思想为特征，同时创新精神又要以遵循客观规律为前提，只有当创新精神符合客观需要和客观规律时，才能顺利地转化为创新成果，成为促进自然和社会发展的动力；创新精神提倡新颖、独特，同时又要受到一定的道德观、价值观、审美观的制约。

 知识点2：培养创新精神

创新精神提倡独立思考、团结合作、相互交流，这是当代创新活动必不可少的方式；创新精神提倡独具胆识、不怕犯错误，并不是鼓励犯错误，只是强调错误认识是科学探究过程中不可避免的；创新精神提倡不迷信书本、权威，并不反对学习前人经验，任何创新都是在前人成就的基础上进行的；创新精神提倡敢于质疑，而质疑要有事实和思考的根据，不是虚无主义地怀疑一切。总之，要用全面、辩证的观点看待创新精神。

(1) 对所学习或研究的事物要有好奇心。
(2) 对所学习或研究的事物要有怀疑态度，不要认为被人验证过的都是真理。
(3) 对所学习或研究的事物要有追求创新的欲望。
(4) 对所学习或研究的事物要有求异的观念，不要人云亦云。
(5) 对所学习或研究的事物要有冒险精神。
(6) 对所学习或研究的事物要做到永不自满。

 实践活动1：测测你的创业素质

活动目标：

创业要具备较强的心理素质、道德素质和专业素质，通过自测了解自己是否具备成功企业主的基本特征。

活动内容：

(1) 实事求是填写表11-1中每一项个人素质、能力或物质条件，自我评估，评价你在这方面是有长处还是存在弱点。
(2) 看看你的长处多，还是弱点多？长处多，说明你具备创办企业的潜力。

表11-1　自我评估个人素质、能力或物质条件

素质、能力、物质条件	自我评估	
	长处	弱点
独立自主——不惧怕问题，会想办法解决问题；不会等待事情的发生，会努力促使事情的发生；在行动上很少受他人影响和支配		
承诺——对你所要创办的企业有所承诺。对你的企业负责任，不仅愿意用自己的钱冒创业的风险，而且要全身心地投入，还要有坚持长期经营企业的打算		
动机——你真心想成为一名成功的企业主		
诚实守信——对承诺的事要做到。对员工、供应商和顾客诚信，企业就会有信誉		

续表

素质、能力、物质条件	自我评估	
	长处	弱点
健康——经营企业是十分艰难的工作,要求创业者具有良好的身体素质。没有健康的身体,将无法兑现承诺		
风险——没有只赚不赔的生意,企业随时有倒闭的风险。冒险精神要有但不能盲目地去冒险,要勇于承担企业经营中出现的合理的、难以避免的风险		
决策——当要做出对企业有重大影响的决策时,能将自己的主张和决策贯彻到底		
专业能力——热爱自己所学专业;努力学习专业知识和各种技能;精通自己所学专业		
社交能力——能与别人沟通得很好;喜欢交朋友,参加社交活动;愿意做会议主持人		
管理能力——做事情有计划、有目的、有行动;做出的决定能很快执行;经常能自己思考对策解决遇到的困难;能严格约束自己的行动		
创新能力——有想法,喜欢尝试新事物;遇到问题能从多方面探索它的可能性;不拘泥于一成不变的生活;总是想办法说服别人接受自己的观点		

 实践活动 2:激发创新精神

每个人都具备创新精神和创新能力,但是能力的强弱却是有区别的。下面就让我们通过此次活动,激发自己的创新精神。

活动目标:
(1)通过测试激发自己的创新意识和创新精神。
(2)通过案例分析理解创新精神的益处。

活动内容:
阅读下面的案例,并进行案例分析,说一说从中得到的启发。

头脑风暴法——直升机扇雪

有一年,美国北部下大雪,积雪压断了高压电线,造成巨大损失。为此美国通用电力公司召开会议,以期通过集体智慧找出解决方案。参加会议的都是不同专业的技术人员,在宣布会议的原则和目的后,大家便七嘴八舌议论开来。有人提议用线路加温器消融积雪,有人则提议安装振荡器以抖掉积雪,有人提议设计一种专用的电线清雪机清除积雪,也有人幽默地提出:"能不能带上几把大扫帚,乘坐直升机去清扫电线上的积雪?"各种各样的方案提了出来,对于那种"坐直升机扫雪"的设想,大家心里尽管觉得滑稽可笑,但在会上也无人提出批评。相反,有一名工程师在百思不得其解时,听到用飞机扫雪的想法以后,大脑突然撞击出思想的火花,一种简单可行且高效率的清雪方法冒了出来。他想,每当大雪过后,出动直升机沿积雪严重的电线飞行,依靠高速旋转的螺旋桨即可将电线上的积雪迅速扇落。他马上提出用"直升机扇雪"的新设想,顿时又引起其他与会者的联想,有关用直升机扇雪的主意一下子又多了七八条。不到一小时,与会的 10 名技术人员共提供了 90 多条新设想。

会后,公司组织专家对设想进行分类论证。专家们认为设计专用清雪机、采用电热或振荡等方法清除电线上的积雪在技术上虽然可行,但研制费用大、周期长,一时难以见效。那种因"坐直升机扫雪"激发出来的几种设想,倒是一种大胆的新方案。如果可行,将是一种既简单又高效的好方法。经过现场试验,发现用直升机扇雪真能奏效,一个悬而未决的难题,终于在思想碰撞中得到了巧妙的解决方案。

活动评价(表 11-2):

表 11-2　激发创新精神活动评价表

序号	活动内容	分值	自评	互评	师评
1	对创新精神内涵的理解	20			
2	阅读案例,进行案例分析	30			
3	分析交流时表达清晰,立意深刻	30			
4	评判自己的创新精神	20			
	合计	100			

活动思考:

培养学生的创新精神不是一朝一夕就可以取得明显成效的,它是一个系统过程,由于受传统影响和教师并不能完全适应新课改的要求等,当前在学生创新精神培养上存在简单化、庸俗化和神秘化的现象,形式主义依然比较浓厚。

第二节　培养创业精神

学习目标

1. 了解创业精神的含义和内涵。
2. 了解什么是创业者。
3. 培养创业精神，提升创业者能力。

知识链接

知识点1：创业者含义

所谓创业者就是指创造性地将商业机会转变为经济实体，并扮演经济实体中计划、组织、管理、控制、协调等关键角色的个人。

知识点2：创业精神含义及内涵

创业精神是指在创业者的主观世界中，那些具有开创性的思想、观念、个性、意志、作风和品质等。

创业精神有三个层面的内涵：哲学层次的创业思想和创业观念，是人们对于创业的理性认识；心理学层次的创业个性和创业意志，是人们创业的心理基础；行为学层次的创业作风和创业品质，是人们创业的行为模式。

知识点3：创业精神的特征

创业精神具有以下几方面的特征：

1. 高度的综合性

创业精神是由多种精神特质综合作用而成的。诸如创新精神、拼搏精神、进取精神、合作精神等都是形成创业精神的特质精神。

2. 三维整体性

无论是创业精神的产生、形成和内化，还是创业精神的外显、展现和外化，都是由哲学层次的创业思想和创业观念，心理学层次的创业个性和创业意志，行为学层次的创业作风和创业品质三个层面所构成的整体，缺少其中任何一个层面，都无法构成创业精神。

3. 超越历史的先进性

创业精神的最终体现就是开创前无古人的事业，创业精神本身必然具有超越历史的先进性，想前人之不敢想、做前人之不敢做。

4. 鲜明的时代特征

不同时代的人们面对着不同的物质生活和精神生活条件，创业精神的物质基础和精神营养也就各不相同，创业精神的具体内涵也会不同。创业精神对创业实践有重要意义，它是创业理想产生的原动力，是创业成功的重要保证。

知识点4：创业者的基本素质

1. 创业者的定义

创业者是企业繁荣发展的核心力量。创业者将个人、创业团队、资本等资源融合在一起，合理利用机会，创造社会财富和社会效益。由此可见，创业者是一个企业的创始者或者一项事业的创造者，创业者在创业团队中起创业领导者的作用，同时，创业者作为创新先锋，善于打破行业的传统经营模式，创造新的价值、市场和顾客，因此创业者也是创新活动的领导者和主要倡导者。

2. 创业者的基本素质

创业虽非难事，但也非一日之功的易事，要想获得创业成功，创业者除了需要具备良好的心理素质和身体素质外，还必须具备创业所需的知识和能力素质。（图11-1）

图11-1　创业者的基本素质

1）心理素质

创业的第一步是心理准备，包括创业者是否具有执着投入的激情和动力；是否能够坦然承受可能的损失甚至失败；是不是一个乐观主义者，能否忍受各个方面带来的压力等。

克里·G·夏沃和琳达·R·斯考特在《创业理论与实践》一书中指出："经济环境很重要，市场条件很重要，融资很重要，甚至政府的帮助也很重要，但单凭任何一项也不能创建一个新的风险企业。因此，我们就需要这样一种人，他胸有成竹，他相信创业是可以实现的，并且他有动力坚持到成功的那一刻。"

2）身体素质

身体素质包括身体健康、精力充沛、思维敏捷等。创业是艰苦而复杂的，创业者整天忙于各项事务的处理，烦琐的工作和不确定的环境使创业者长期面临巨大的压力，如果身体不好，必定难以承担创业重任，这就要求创业者必须具备强健的体魄和充沛的精力，需要有良好的身体素质作为基础。创业者可以培养一项或几项关于体育运动方面的兴趣爱好,不仅可以练就健康的身体,还能在锻炼中拓展人脉,提升团队合作能力。

3)知识素质

商业竞争日趋激烈,创业者若想在竞争中获得优势,必然需要文化知识的力量支撑,要注意的是,创业是务实的社会活动,并非学历越高越容易取得成功,创业者需要的是解决实际问题的能力和知识,这些知识包括常识性知识、经验性知识和从事创业活动需要的专业性知识。

(1)常识性知识。创业成功者,要合理处理经济发展规律、商业活动特征、消费者市场需求与发展的关系等问题,就必须很好地掌握商业常识、社会常识和管理常识等常识性知识,以便把握经济发展规律,遵守商业活动规则,维护企业自身运营管理,生产满足消费者个性化需求的产品,行使好企业自身的社会责任,同时,理解和运用国家政策,维护自身权益。

(2)经验性知识。创业活动需要亲身实践所获得的经验,这比通过学习创业成功者的故事和理论等间接经验来得更加深刻,更有助于创业者的成功,这些知识包含社会经验、管理经验和商业经验。

(3)专业性知识。俗话说:"做熟不做生",其原因在于,创业过程需要根据所在行业的特殊规律,运用专业的行业经验和相关知识,优化生产流程、生产优质产品、提供良好服务,以获得企业竞争优势。

4)能力素质

创业活动是创业者在识别创业商机的基础上,应用多种创业资源实现创业目标的过程。创业是一项复杂的系统工程,它要求创业者随时解决创业过程中的技术、经济和社会关系等种种问题。一个成功的创业者,要有解决创业问题的本领,这种本领就是所谓的创业能力。通常,成功的创业者应当具有敏锐的市场机会捕捉能力、风险决策能力、执行能力、经营管理能力和组织人际交往、协调能力,以及创新能力和领导能力。

(1)市场机会捕捉能力。创业者必须具有敏锐的市场机会捕捉能力,识别宝贵的创业商机。市场机会捕捉是一种有目的、有计划、有步骤的创业感知活动,是在创业实践中运用观察方法与技巧获得关于被观察事物的主观印象并据此创业的过程。创业机会常隐迹于平凡生活之中,一旦创业者用敏锐的眼光,抓住稍纵即逝的市场机会,便会带来滚滚财源。创业者要善于用敏锐的眼光去看(观),用创新的思维去想(察)。"浮光掠影,走马观花"与"见微知著,一叶知秋",有着天壤之别,前者的一般观察能力看到的只是"浮云",后者的敏锐市场机会洞察能力捕捉的却是"市场新大陆的金矿"。

(2)风险决策能力。成功的创业者不是赌徒,高成就的创业者往往倾向中性风险,他们在挑战不确定性的时候会理性分析各种可能发生的情况,做出有利于创业的决定,规避不必要的风险。创业者往往会采取相应策略,让他人在获得收益的同时分担企业的金融风险和商业风险。

创业者的风险决策能力集中体现在创业者的战略决策能力方面,创业者需要对新创企业的外部创业环境和内部经营能力进行周密调查和客观准确的分析,做出预见性判断,确定企业发展目标、经营方针和经营战略。创业良机很多,但并非对于每个创业者都可付诸实现。鉴于资源、个人能力、行业经验的不同,创业者必须对创业商机进行分析、论证,客观判断、决策。

从全局的高度认识和把握问题是全面分析把握创业方向的基本要求。正确把握知识经济时代的发展规律,敏锐分析市场发展变化趋势,深度剖析国家政策法规,才能正确地做出创业机会和创业方案的决策。判断是管理和决策的基础,面对复杂多变的环境制约因素,需要把握事物发展主流,分清主次矛盾、评估效益与风险。判断能力是风险运作的基础,收益和风险并存,不同的决策者对风险有不同偏好,但无论对风险持什么态度,首先应对收益和风险做出判断,杜绝风险运作的盲目性。

创业风险决策能力还表现为应变能力,在创业的动态变化环境中,创业者要善于观察形势,抓住主要矛盾,按照创业发展的规律把握调整战略方向,提出应对措施,趋利避害、化被动为主动,最终赢得企业竞争优势。

(3)执行能力。俗语常说:"知易行难",想法虽好,但"难在执行"。高效的执行能力,是转化创业意图为实际效果的重要能力,可避免眼高手低带来的恶果,这也是创业者身体力行,将"务实作风"深刻融入企业文化,创造高效营运氛围的重要一环。

(4)经营管理能力。创业经营不仅仅是天赋、灵感与闪念的产物,更是系统、科学的经营管理行为。创业者需要针对捕捉到的机会,用自有的先进技术、科学管理,将企业资源与市场需要紧密结合,高效转化创新成果为企业利润。创业经营管理能力一般包括战略管理、营销管理、资金管理、项目管理等方面的能力。

(5)组织人际交往、协调能力。成功的创业者在新企业初创期,需要具备人际交往、协调能力,有效与企业内外部成员沟通,解决员工、顾客、风险投资方、竞争对手等利益相关人可能面临的各类问题。组织人际交往、协调能力主要包含社交技能与冲突管理技能两大类,社会感知、表达能力、形象管理、社会适应等社交技能会高效地提升创业者与他人的互动效果,成功实现其沟通意图。冲突管理,便于建立创业者在他人心中的信任感,发挥团队的最大效能。

(6)创新能力。经营管理活动的竞争性要求成功的创业者必须具备创新能力,提高核心竞争力,用全新的视角、思想,发现新的消费市场、商业模式、作业方式、技术、制度和流程方法,改变原有市场竞争格局和落后经营模式,赢得竞争优势。另外,成功的创业者一般具有很强的学习能力,不仅能够快速学习和掌握所需的各种背景知识,还能从其他团队成员、顾问、员工、投资者、竞争对手那里学到各种经验和策略,他们在坚持自己主见的同时,还能积极向外寻求反馈并利用这些反馈,不仅将其作为克服困难、避免挫折、取得成功的重要途径,更具备如何将其转化为一种全新模式的产品、流程的创新能力。

(7)领导能力。领导能力,指当形势发生巨大变化时,仍能够获得新的组织方法的才能。创业型企业家最重要的能力就是培养和利用团队成员的才能。创业领导者的作用就是回应各种挑战和适应企业中的各路极具个性的精英人才。组织面临挑战性问题时,需要组织成员共同承担责任、解决问题。

 劳动故事

成功来自团队而非个人

作为国内最大的英语培训机构,新东方声名赫赫。十几年来,它帮助数以万计的年轻人实现了出国梦,莘莘学子借此改变了自己的命运。有人评价说,"在中国,任何一个企业都不可能像新东方这样,站在几十万青年命运的转折点上,站在东西方文化交流的转折点

上,对中国社会发展进步发挥如此直接而重大的作用。"

作为新东方的创始人,俞敏洪说自己成功的决策,就是把那帮比他有出息的海外朋友请了回来。

1995年底,积累了一小笔财富的俞敏洪飞到北美,这里曾是他心心念念的地方。这次来这里的主要目的是说服昔日好友们跟他一起回国创业。在他的鼓动下,昔日好友徐小平、王强、包凡一、钱永强陆陆续续从海外赶回加盟了新东方。经过在海外多年的打拼,这些海归身上积聚了巨大的能量。这批从世界各地汇聚到新东方且个性桀骜不驯的人,把世界先进的理念、先进的文化、先进的教学方法带到了新东方。俞敏洪笑言自己是"一只土鳖带着一群海龟奋斗"。如何将这些有个性的人团结到一起,并让每个人都保持活力和激情,是俞敏洪首先要面对的问题。

俞敏洪说,在新东方,没有任何人把我当领导看,没有任何人会因为我犯了错误而放过我。在无数场合下,我都难堪到了无地自容的地步,我无数次后悔把这些精英人物召集到新东方来,又无数次因为新东方有这么一大批出色的人才而骄傲。因为这些人的到来,我明显地进步了,新东方明显地进步了。没有他们,我到今天可能还是个目光短浅的个体户,没有他们,新东方到今天可能还是一个名不见经传的培训学校。

世界上没有完美的人,只有完美的团队。作为一个企业的老板,与其跟马赛跑,不如找一匹马并骑在马上。团队成员就是所谓的"人才马"。创业者只有组建最合适的创业团队,才能"马上成功"。

实践活动:校园创业

大学生有着年轻的血液,充满激情和"初生牛犊不怕虎"的精神,对未来充满希望。大学生在学校里学到了很多理论知识,有着较高层次的技术优势。现代大学生有创新精神,有挑战传统观念和传统行业的信心和欲望,而这种创新精神也往往造就了大学生创业的动力,成为成功创业的精神基础。学校良好的创业平台为大学生创业提供了坚实的校园创业基础。同学们可以根据专业特点和个人爱好参加学校举办的各种创业活动和创业讲座,根据个人条件组建团队,在学校创设的创业街等场所申请创业工作室等。

活动目标:

(1)通过参加创业类活动,了解创业的基本知识、能力要求、素质要求,掌握创业的基本方法和流程。

(2)通过优选创业方向,学会分析处理个人兴趣与社会需求、市场趋势的关系;通过创业团队组建和创业作品设计开发,学会团结协作和创新;通过校内创业项目申报、立项和运营目标的不断达成,学会计划、组织、指挥、协调和控制。

(3)能够把人类命运共同体的理念融入创业实践,赋予创业项目服务社会、造福人类的神圣使命。

活动内容:

1.活动准备

为深入推进"大众创业、万众创新",加快培养创新创业人才,促进创新驱动创业、创业引领就业,各学校都推出了一系列政策,助推创新、创业人才培养。

以某职业技术学校为例,该校是一所涵盖大量财经类专业、具有浓厚的商业氛围和商业文化的中等职业院校。中职建设20多年来,学校在引进、吸收、融合多所知名大学创业经验的基础上,经过不断探索,建立了校园"创业工场",为学生提供校园创业的各种条件,逐步构建了具有商科特色的"专业教育＋职业教育＋创业教育＋就业教育"四位一体的创业教育模式。

首先要认真学习创新创业课程,掌握创业基本理论以及创新创业方法和思路,然后积极参加学校开展的各种创业讲座、创业沙龙等活动,不断提升自己的创新思维和创业能力。

2. 活动过程

(1)学习某职业技术学院的优秀毕业生张同学的创业成长经历。

①确定创业方向,组建创新创业团队。

②在大赛中开阔眼界。

③创业意向萌发。

④分析在校学生创业优势。

(2)制作创业作品。

(3)争取在创新创业大赛中取得好成绩。

创业团队成员可以边学习边实践,积极参加与专业相关的各级各类比赛。工科类学生可以参加机电产品创新设计类比赛,商科学生可以参加沙盘类比赛等,通过比赛来不断完善创业方案和创业作品,并在比赛中取得一定的成绩。

(4)争取获得创业效益。

团队在学校的创业平台支持下,经过成员们的团结奋斗,要争取在创业中获得一定的经济收入。

3. 活动提示

(1)校园创业过程中,要处理好创业与课程学习的关系。

(2)校园创业过程中,要谨防上当受骗。

(3)校园创业过程中,要做好创业团队管理、资金和物品的安全管理。

活动评价(表11-3):

表11-3 校园创业活动评价表

序号	活动内容	分值	自评	互评	师评
1	创业基础理论扎实	25			
2	创业大赛获得成绩	25			
3	创业团队成员结构与分工合理	25			
4	校内创业项目取得经济与社会效益	25			
	合计	100			

活动思考:

(1)通过此活动,该如何寻找创业项目?

(2)如何组建创业团队?团队成员应具备哪些素质要求?

参 考 文 献

[1] 中华人民共和国教育部.教育部关于印发《大中小学劳动教育指导纲要(试行)》的通知[EB/OL].[2020-07-09].http://www.moe.gov.cn/srcsite/A26/jcj_kcjcgh/202007/t20200715_472808.html.

[2] 中共中央国务院《关于全面加强新时代大中小学劳动教育的意见》[EB/OL].[2020-01-30].http://www.moe.gov.cn/jyb_xxgk/moe_1777/moe_1778/202003/t20200326_435127.html.

[3] 檀传宝.树德增智强体育美培养有劳动素养的时代新人[EB/OL].光明教育报.[2020-01-37].http://www.moe.gov.cn/jyb_xwfb/moe_2082/zl_2020n/2020_zl14/202003/t20200327_435251.html.

[4] 赵海燕,杨柏松.发挥劳动教育的综合育人价值[N].中国社会科学报,2020-08-17.

[5] 苏经强.彰显新时代劳动教育的综合育人价值[N].中国社会科学报,2020-04-08.

[6] 本报评论员.新时代呼唤"新劳动教育"[N].中国教师报,2020-04-29.

[7] 赵书昭.劳动教育提升青少年人生品质[N].天津日报,2020-06-15.

[8] 谢素兰.职业院校公益性学生社团的发展路径探析[J].太原城市职业技术学院学报,2016(10):76-77.

[9] 徐继存.加强劳动教育:一项刻不容缓的重大使命[J].现代教育,2019(20):1.

[10] 方凌雁.劳动教育的现状、问题和建议:2019年浙江省中小学劳动教育调研报告[J].人民教育,2020(1):15-19.